D1752259

BAHNROMANTIK

SCHWEIZERISCHE BUNDESBAHNEN
EINE NOSTALGISCHE REISE
CHEMINS DE FER FÉDÉRAUX SUISSES
UN VOYAGE NOSTALGIQUE

Einleitung · Introduction
Hans Peter Treichler
Herausgegeben von · Edité par
Peter Pfeiffer

AS Verlag

Traduction du texte de Hans Peter Treichler:
Elfie Schaller-Gehenn, Tann (Zürich)
Traduction des textes de Peter Pfeiffer:
Sébastien Jacobi, Neuchâtel

© AS Verlag & Buchkonzept AG, Zürich 2002
Bildredaktion und Gestaltung ·
Conception graphique et mise en page:
www.vonarxgrafik.ch, Heinz von Arx, Urs Bolz, Zürich
Textredaktion und Lektorat ·
Rédaction des textes allemands et lecture:
Karin Steinbach Tarnutzer, Zürich
Fotolithos · Lithos:
Ast & Jakob AG, Köniz
Druck · Impression:
B & K Offsetdruck GmbH, Ottersweier
Einband · Reliure:
Josef Spinner Grossbuchbinderei GmbH, Ottersweier
ISBN 3-905111-72-1

Inhalt · Table des matières

7 Hans Peter Treichler
 Nicht mehr hier. Noch nicht dort.
 Plus ici. Pas encore là.

19 Hinter den Eisenbahnkulissen
 Dans les coulisses de la scène ferroviaire

89 Wenn einer eine Reise tut …
 Lorsque l'on part en voyage …

160 Bildnachweis
 Sources iconographiques

Hans Peter Treichler
Nicht mehr hier. Noch nicht dort.

Manche alten Fotografien haben die gleiche Wirkung wie ein Schalter, der angeknipst wird. Das Licht geht an, ein ganzer Raum wird sichtbar. Bei mir löst die nüchterne Perronszene auf Seite 48 dieses Bandes einen solchen Effekt aus. Genauer noch: das Schild mit der Destination «Etzwilen». In Gedanken ergänze ich die Aufschrift zu «Etzwilen/Singen». Denn so hiess die Endstation auf der Ferienstrecke meiner Kindheit, und irgendwie gab dieser verbale Doppelschlag mit seinen Zischlauten dem Zielort etwas Endgültiges und Unwiderrufliches: von Etzwilen/Singen gab es keine Rückkehr.

Jedenfalls war ich erleichtert, dass wir jeweils ein paar Stationen früher ausstiegen, dass unsere Bauernhof-Ferien noch deutlich im Landesinnern stattfanden, in sicherer Distanz zur Grenze. Denn Singen lag in Deutschland, und Deutschland lag in Trümmern, das hatte man uns Kindern erzählt. Zwischen Etzwilen und Singen wurde mehr überschritten als eine Grenze. In unserer Vorstellung gab es auf der anderen Seite höchstens einen Notbahnhof mit Rotkreuzbaracken und Suppenküchen, und schon auf dem Vorplatz türmten sich Schutthaufen, und Frauen in Kopftüchern beigten Backsteine, wie wir das in den Illustrierten gesehen hatten; ein paar wenige Männer humpelten an Krücken umher.

Wie gesagt, wir stiegen ein gutes Stück vorher aus und schauten dem Zug hinterher, wie er sich mit seinen wenigen übrig gebliebenen Passagieren in Richtung Grenze aufmachte. Meist warteten Onkel und Tante auf uns, vielleicht sogar mit Ross und Wagen, obwohl wir den Weg zum Bauernhof auch allein gefunden hätten. Aber Abholen an der kleinen Landstation – das gehörte ganz einfach zum Ferienbeginn, so wie der kleine Bahnhof und seine Umgebung auch. Für uns stellte er eine Art Vorort der Ferien dar, mit seinem Rangiergleis und dem Güterschuppen, den pilzförmigen Glocken vor dem Hauptgebäude und dem Stellwerk mit seinen mächtigen Hebeln. Die Glocken «gaben an», wenn der Zug aus der Gegenrichtung unterwegs war; kurz danach senkten sich mit viel Gerassel die Barrieren am Schienenübergang neben dem Bahnhöfchen. Die Stellwerkhebel trugen Aufschriften in altmodischen Zahlen und Buchstaben auf kleinen Emailschildern, und auch in die Mauer war ein Bronzeschild eingelassen, das Auskunft erteil-

Hans Peter Treichler
Plus ici. Pas encore là.

Certaines photographies des temps passés agissent à la manière d'un commutateur que l'on embranche. La lumière jaillit, une pièce entière devient visible. Pour moi, la scène banale sur le quai d'une gare en page 48 du présent ouvrage produit le même effet; plus précisément, c'est le panneau portant le nom de la destination «Etzwilen». Dans mon esprit, je prolonge cette inscription pour en faire «Etzwilen/Singen», car c'est ainsi que s'articulait le terminus du trajet de vacances de mon enfance. De plus, cette double impulsion verbale avec ses consonnes sifflantes conférait à la destination citée un je-ne-sais-quoi de définitif, d'irrévocable. Aller jusqu'à Etzwilen/Singen c'était faire un voyage sans retour.

Quoi qu'il en soit, je me sentais soulagé quand nous descendions du train quelques stations avant celle-là, sachant qu'alors nos vacances à la ferme se passeraient encore nettement à l'intérieur du pays, en toute sécurité à bonne distance de la frontière. Car Singen se trouvait en Allemagne, et l'Allemagne était en ruines, c'est ce que l'on nous avait raconté, à nous les enfants. Entre Etzwilen et Singen on franchissait bien plus qu'une frontière. Dans notre imagination, il y avait de l'autre côté tout au plus une gare de fortune avec des baraquements de la Croix-Rouge et des soupes populaires; des monceaux de décombres s'entassaient déjà sur la place précédant tout cela; des femmes coiffées de foulards y empilaient des briques, comme nous l'avions vu dans les illustrés; quelques hommes clopinaient par-là sur des béquilles.

Nous descendions donc, comme je l'ai dit, un bon bout de chemin auparavant et regardions partir le train qui démarrait en direction de la frontière avec les rares passagers qui y étaient restés. En général, mon oncle et ma tante nous attendaient, peut-être même venus avec cheval et voiture, bien que nous eussions été capables de trouver seuls le chemin de la ferme. Mais venir nous prendre à la petite station rurale faisait tout simplement partie du début des vacances, tout comme la petite gare et ce qui l'entourait. Pour nous, cette dernière constituait une espèce de prélude à nos congés annuels, avec sa voie de débord et sa halle aux marchandises, ses cloches électriques en forme de champignons devant le bâtiment principal et le poste d'aiguillage avec ses énormes leviers. Les cloches tintaient lorsqu'un train quittait la gare précédente, peu après, les barrières s'abaissaient à grand fracas devant le passage à niveau à côté de la petite gare. Les leviers du poste d'aiguillage étaient pourvus d'inscriptions en

te über die Meereshöhe der Station und die Entfernung zu den Nachbarstationen.

Es gab einen Schalterraum mit einem messingverkleideten Fenster, das dem Schalterbeamten die Passagiere vom Leib hielt. Hier stellte der gleiche Mann, der eben noch den Zug abgefertigt hatte, die Fahrkarten aus. Und in dieser neuen Funktion erschien er uns noch unnahbarer als vorher. Er herrschte über ein ganzes Sortiment von Billetts – länglichen Kärtchen aus Karton, die in der Art von Dominosteinen in der Mitte unterteilt waren. Die obere Hälfte war grün, vielleicht auch weiss eingefärbt, Grundfarbe der Kärtchen aber war ein unscheinbares Braun, selbst für Billetts nach so weit entfernten und spektakulären Destinationen wie Genf oder Lugano. Dass das Sortiment auch Fahrkarten zu solch exotischen Zielen umfasste, bezweifle ich, aber der Beamte brauchte nicht mit der Wimper zu zucken, wenn – unwahrscheinlich genug – «Genf retour» oder «Lugano einfach» verlangt wurde. Er verfügte über ein Arsenal von Matrizen, die er in eine klobige Prägemaschine einspannte; damit liess sich ein leeres, ein blindes Kartonkärtchen im Handumdrehen verwandeln in einen Gutschein für ein glitzerndes Abenteuer.

Der Schalterraum war gleichzeitig Wartsaal; es roch nach Bodenwichse, nach Reiseschweiss, feuchten Zigarrenstummeln und nach Brikettstaub. An der Wand gegenüber dem Schalter hing ein Fahrplan, der immer aussah, als stamme er aus dem Vorjahr oder von noch viel früher: schmuddlig, mit den waagrechten Spuren unzähliger Finger, die von den Stationsnamen zu den Ankunfts- oder Abfahrtszeiten führten.

Auf dem Platz vor der Station aber roch es nach Sommer und Ferien, nach Staub und Stroh und nach dem Teer der Dachpappe, die den Fahrradschuppen deckte und in der Julihitze schmorte. Richtig angekommen war man erst, wenn man das Stationsgebäude im Rücken hatte und auf dem staubigen Vorplatz stand. Dass man sich in vier oder fünf Wochen wieder hier einfinden würde, schien völlig unwahrscheinlich – wer konnte schon sagen, was bis dahin alles geschah? Vielleicht brannte zu Hause ja das Schulhaus ab, und die Ferien würden ins Unermessliche verlängert.

chiffres et lettres désuets sur des plaquettes émaillées; dans le mur aussi, on avait encastré une plaque de bronze: elle donnait des renseignements sur l'altitude à laquelle se trouvait la station et sur sa distance des stations voisines.

Dans la gare, il y avait un hall où se trouvait le guichet pourvu d'un vasistas encadré de laiton, qui tenait les passagers à distance du guichetier. Le même homme qui venait tout juste de faire partir le train y délivrait les billets. Il régnait sur tout un assortiment de billets, petites cartes oblongues en carton, subdivisées au milieu à la manière des dominos. Leur moitié supérieure était colorée en vert, peut-être aussi en blanc, mais la couleur de fond de ces petites cartes était un brun de peu d'apparence, même pour les billets donnant accès à des destinations aussi éloignées que spectaculaires telles que Genève ou Lugano. Je doute fort que des billets pour se rendre à des endroits aussi exotiques aient fait partie de l'assortiment, mais l'employé ne devait pas broncher si quelqu'un demandait – fort improbablement d'ailleurs – «Genève aller-retour» ou «un aller simple pour Lugano». Il disposait de tout un arsenal de matrices qu'il insérait dans une machine aux formes massives; il pouvait ainsi transformer en un tournemain une petite carte non imprimée en titre de transport à destination d'une radieuse aventure.

Le hall des guichets était en même temps la salle d'attente. Elle sentait l'encaustique, la sueur du voyageur, le mégot de cigare humide et la poussière de briquettes. Sur le mur faisant face au guichet, il y avait un tableau horaire qui avait toujours l'air de dater de l'année précédente ou de remonter à une époque bien antérieure encore: malpropre, il portait les traces horizontales d'innombrables doigts, traces qui allaient du nom des stations aux heures d'arrivée ou de départ.

Mais sur la place devant le bâtiment de la gare flottait une odeur d'été et de vacances, mêlée à celle de la poussière, de la paille et du goudron dont était empreint le carton bitumé couvrant le hangar aux vélos, goudron qui rôtissait au soleil de juillet. En fait, on n'était définitivement arrivé qu'au moment où, tournant le dos au bâtiment de la gare, on se trouvait sur la place poussiéreuse qui le précédait. Allait-on se retrouver ici dans quatre ou cinq semaines? Cela me semblait totalement improbable. Qui donc pourrait prédire tout ce qui se produira d'ici là? Chez moi, la maison d'école disparaîtra peut-être dans un incendie et les vacances se prolongeront indéfiniment.

Alte Fotografien, so habe ich behauptet, können eine ganze Reihe von Bildern auslösen. Das scheint mir in besonderem Mass zu gelten für Fotos aus der Welt der Eisenbahn – vielleicht deshalb, weil Bahnfahrten verknüpft sind mit so vielen zentralen Ereignissen aus Kindheit und Jugend. Bahnfahrten haben zu tun mit dem ersten Heimweh und den Verlockungen der Ferne: von der ersten Schulreise bis zur Fahrt ins Austauschschuljahr nach Frankreich oder Holland oder zum Antritt der Rekrutenschule.

Noch heute, im Zeitalter des Flugverkehrs, kennen die Psychologen ein ganzes Arsenal von unbewussten Bildern, die aus der Bahnwelt stammen und unsere Träume heimsuchen. Ich erinnere nur an einen geradezu kollektiven Angsttraum, den wir im Schulalter wahrscheinlich alle einmal träumten: Du verschläfst am wichtigsten Termin des Schuljahres, nämlich am Morgen deiner Schulreise, du rennst halb bekleidet zum Bahnhof und siehst gerade noch das Schlusslicht des abfahrenden Zuges mit den winkenden Klassenkameraden. Worauf du erwachst und schweissgebadet feststellst, dass der Wecker noch gar nicht geläutet hat…

Auch wenn es nicht so dramatisch hergeht, liefert der Schienenverkehr immer noch Symbolisches zuhauf, Metaphern für unseren eigenen Lebenslauf, Futter für unsere Träume. Der Bahnhof ist der Ort, der Entscheidungen offeriert, der Ort des Aussteigens oder Umsteigens, der Ort der Schwebe: Du bist nicht mehr hier und noch nicht dort. Blitzende Schienen führen in die Vergangenheit oder in die Zukunft, und hoch über den Fahrdrähten thront ein verglastes Stellwerk, wo unbekannte Mächte die Weichen stellen. Bahnhöfe haben Unterführungen, dunkle Passagen mit hallenden Schritten und feuchten Wänden, mit fratzenhaften Graffiti und rätselhaften gesprayten Parolen. Und wenn du von hier hinausfindest und in den Zug steigst, so führt die Fahrt durch Tunnels, die irgendwo enden können oder womöglich gar keinen Ausgang haben.

Selbst wenn wir auf solch existenzielle Deutungsmuster verzichten – die meisten von uns haben die Bahntechnologie verinnerlicht: wenn nicht in unseren Träumen, dann eben in unserem Sprachgebrauch, in Redensarten wie «dieser Zug ist abgefahren» oder «die Weichen rechtzeitig stellen». Wir haben eine verbale

Les photos des temps passés, je l'ai dit, peuvent susciter toute une série d'images. Cela me paraît être particulièrement vrai pour les photos appartenant au monde du chemin de fer, probablement parce que les trajets dans le train sont liés à tant d'événements d'importance majeure remontant aux années d'enfance et de jeunesse. Ces voyages sont en relation avec le premier mal du pays et avec l'attrait des contrées lointaines: à commencer par la première course d'école jusqu'au voyage d'échanges scolaires en France ou encore au trajet menant à l'école de recrues.

A l'heure actuelle encore, époque du trafic aérien, les psychologues connaissent tout un arsenal d'images inconscientes issues du monde des chemins de fer, images qui viennent hanter nos rêves. Je ne cite qu'un cauchemar qui nous troublait sans doute tous à l'époque de notre scolarité: on se réveille trop tard à la date la plus importante de l'année scolaire, celle de la course d'école. On se précipite à moitié habillé à la gare et l'on voit tout juste encore le feu arrière du train qui démarre avec les camarades de classe; là-dessus, on se réveille trempé de sueur et on constate que le réveil n'a même pas encore sonné…

Même si le déroulement n'est pas aussi dramatique, le trafic ferroviaire nous fournit encore quantité de symboles, des métaphores pour notre vie quotidienne, des sources de rêves. La gare est le lieu qui nous propose un choix de décisions à prendre, le lieu où l'on descend du train, où l'on change de train, le lieu où règne un flottement: on n'est plus ici et pas encore là. Des rails scintillants vous mènent dans le passé ou dans le futur, et très haut au-dessus des caténaires trône un poste d'aiguillage vitré où manœuvrent des puissances inconnues. Les gares, elles, possèdent des passages souterrains, couloirs obscurs où résonnent les pas, où, sur les murs humides, grimacent des graffiti et sont tagués d'énigmatiques slogans. Et lorsqu'on en est sorti et que l'on monte dans le train, le trajet nous fait passer à travers des tunnels d'où l'on sort quelque part ou qui – sait-on jamais? – sont sans issue. Même si nous renonçons à de tels modèles d'interprétation existentiels, la plupart d'entre nous ont intériorisé la technologie ferroviaire, sinon dans leurs rêves, du moins dans le langage courant, dans des locutions telles que «prendre le train en marche» ou «avoir un train de retard». Nous «déraillons» (dans le langage familier), nous «voyons le bout du tunnel», nous filons à toute vapeur ou nous tirons le signal d'alarme pour ne pas être mis sur une voie de garage!

Entgleisung zu beklagen, wir sehen Licht am Ende des Tunnels, wir fahren doppelgleisig oder müssen gar das Schlusslicht übernehmen, wir geben mächtig Dampf oder ziehen die Notbremse, damit wir nicht auf einem Abstellgleis enden!

Hinzu kommt, dass wir als Bahnfahrerinnen und Bahnfahrer fortwährend an unserer eigenen Folklore arbeiten, an unserer eigenen kleinen Mythologie. Das zeigt sich in den alltäglichsten Dingen: Es gibt die Rückwärtsfahrer und die eingefleischten Vorwärtsfahrer, und seit dem Aufkommen der Doppelstöcker gibt es die Wahl zwischen Parterre und oberer Etage. Auch wenn das alles nur eine simple Typologie erlaubt – prinzipiell muss doch ganz einfach ein Unterschied bestehen zwischen jemandem, der auf Perronhöhe und rückwärts gewandt seinem Ziel entgegenstrebt, und jemandem, der im Obergeschoss, nach vorne blickend, der Welt entgegenschaut wie Leonardo di Caprio auf dem Bug der «Titanic»!

Pendlerinnen und Pendler besetzen im Allgemeinen zuerst die Fensterplätze in Fahrtrichtung. Ist die Platzwahl weitgehend offen, gehen zuerst die Sitze weg, bei denen selbst die Viererguppe jenseits des Mittelgangs frei bleibt; angestrebt wird die grösstmögliche Isolation, die möglichst ungestörte Privatsphäre. Füllen sich die Viererguppen allmählich, so setzen sich die neu Hinzustossenden schräg gegenüber, um Platz für die Beine zu bewahren; Aspiranten auf die frei bleibenden Sitze werden nun beiderseits als Eindringlinge empfunden.

Bahn fahrend geben wir ein Stück von unserem Charakter preis – zum Beispiel durch die Vorliebe für bestimmte Abschnitte einer Strecke, für einzelne Ausblicke. Noch der abgebrühteste Pendler hebt irgendwo zwischen Bern und Zürich den Blick hoch von der Zeitung oder von seinen Akten und lässt ihn über die Landschaft gleiten. Etwa bei diesem märchenhaften Abschnitt zwischen Wynigen und Burgdorf, wo sich das Trassee in die Kurven legt wie ein Snowboarder, wo sanfte Hügel und bewalmdachte Bauernhäuser ins Blickfeld kommen und einsame Landstrassen, die in einsamen Tälern verschwinden, wo sich der Pendler regelmässig vornimmt: Am nächsten Wochenende gehe ich hier zum Wandern! Ein anderer schaut regelmässig auf bei einem bestimmten, efeuüberwachsenen, einsamen Wärterhäuschen von einst und verliert sich in

En plus de cela, en tant que passagers du train, nous forgeons constamment notre propre folklore, notre propre petite mythologie. Cela se manifeste dans les choses les plus banales: il y a ceux qui roulent le dos tourné à la marche du train et ceux qui se placent immuablement le visage tourné vers l'avant du convoi et, depuis l'introduction de la voiture à étage, on a le choix entre le niveau inférieur et le niveau supérieur. Et même dans le domaine d'une simple typologie, il doit y avoir, en principe, une différence entre celui qui s'installe à raz les pâquerettes et se dirige vers son but le dos tourné à sa destination et celui qui, à l'étage supérieur, progresse les yeux dirigés vers l'avant, en regardant le monde en face comme Leonardo di Caprio sur la proue du «Titanic»!

Les «pendulaires» occupent d'abord, en général, le coin fenêtre dans le sens de la marche du train. Lorsque le choix des places est encore grand, on jette son dévolu sur un coupé vide; on aspire, en général, à un isolement aussi grand que possible, à une intimité aussi peu troublée que possible. Une deuxième personne prend place en diagonale, en vue de réserver de l'espace pour ses jambes. Ceux qui aspirent ensuite aux places encore inoccupées sont considérés par tous comme des intrus.

En roulant dans le train, nous révélons une partie de notre caractère – par notre prédilection pour des secteurs précis d'un trajet, par exemple, pour des échappées de vue précises. Le «pendulaire» le plus endurci lève les yeux de son journal ou de son dossier quelque part entre Berne et Zurich et laisse errer son regard sur le paysage. Ce sera peut-être sur le merveilleux tronçon entre Wynigen et Berthoud où le tracé prend des virages comme un snowboardeur, où apparaissent des collines aux lignes douces et des toits en croupe, des routes en rase campagne qui se perdent dans des vallées solitaires, où les pendulaires décident chaque fois de faire des randonnées au prochain week-end. Un autre lèvera régulièrement la tête quand apparaîtra une certaine maisonnette de garde-barrière solitaire tapissée de lierre et se mettra à rêver des jours idylliques de sa retraite future. Le passager d'en face contrôlera sur chaque trajet le dernier passage à niveau encore existant: les barrières sont-elles réellement baissées?

Barrières, maisons de garde-barrière ... elles me ramènent aux photos de ce volume. Si nombre d'entre elles éveillent des sentiments de nostalgie, des regrets mélancoliques d'un monde présumé contrôlable, encore bien

vage Träume von idyllischen Rentnertagen, sein Gegenüber kontrolliert bei jeder Fahrt den letzten verbliebenen Niveauübergang: Sind die Barrieren gesenkt?

Wärterhäuschen, Bahnschranken – das bringt mich zurück zu den Fotos dieses Bandes. Dass viele von ihnen nostalgische Gefühle erwecken, Sehnsüchte nach einer vermeintlich überschaubaren und geordneten Welt, liegt in der Natur des Themas. Die Bahn ist seit ihren Anfängen ein Ordnungsfaktor ersten Ranges; sie setzt bestimmte Regionen und Landesteile in neue Beziehungen zueinander, die mit Distanzen und Fahrzeiten zu tun haben. Und sie arbeitet mit einer Technologie, die wir als handfest und überschaubar empfinden: Schienen, Schotter und Schwellen.

Darüber sollte nicht vergessen gehen, dass der Zeitraum von 1920 bis 1960, aus dem die meisten dieser Bilder stammen, eine Ära des Aufbruchs, des Umsturzes und der raschen Wechsel darstellt. Das gilt sowohl für bahntechnische wie für historische Belange. Die goldenen Zwanzigerjahre brachten nicht nur den Simplon–Orient-Express und Charleston tanzende junge Damen mit Bubischnitt, sondern auch erbitterte Klassenkämpfe in ganz Europa und den Zusammenbruch der New Yorker Börse. Erst recht wurden die Dreissigerjahre überschattet von Inflation und Arbeitslosigkeit; an ihrem Ende steht der Ausbruch des Zweiten Weltkriegs. In den folgenden sechs Jahren dominierte die kriegswirtschaftliche und militärische Bedeutung der Bahn – keine Zeit für Ferienreisen oder eine Fahrt ins Blaue. Erst in den späten Vierzigerjahren normalisierte sich die Lage, war wieder an eine kontinuierliche Entwicklung zu denken, die alle Lebensbereiche umfasste.

Umso mehr erstaunt es, dass die Schweizer Bahnen in dieser unordentlichen und unübersichtlichen Epoche die Elektrifizierung von Schienennetz und Fahrzeugen konsequent vorantrieben. Die Jahre des Ersten Weltkriegs hatten unerbittlich vor Augen geführt, wie stark das Land von Kohleimporten abhing und damit erpressbar wurde. 1920 hatten die SBB die Elektrifizierung der Gotthardstrecke abgeschlossen, und schon fünfzehn Jahre später wurden drei Viertel des Schienennetzes mit Strom betrieben. Beim Ausbruch des Zweiten Weltkriegs war die Umstellung so weit fortgeschritten, dass sich der Bahnverkehr trotz der Isolation

réglé, cela est bien dans la nature des choses. Le chemin de fer est, depuis ses débuts, un facteur régulateur de premier ordre. Il crée de nouvelles relations entre certaines régions et certaines parties du pays, relations qui ont trait aux distances et aux durées des trajets; et il opère avec une technologie que nous considérons comme solide et claire: les rails, le ballast et les traverses.

N'oublions pourtant pas le fait que l'époque allant de 1920 à 1960, époque à laquelle remontent la plupart de ces images, était l'ère d'un nouveau départ, d'un bouleversement, l'ère des changements rapides. Cela est vrai en ce qui concerne le chemin de fer tout comme les faits historiques. Les années vingt, ces «années folles» ne sont pas seulement celles du Simplon–Orient-Express et des jeunes femmes aux coiffures à la garçonne dansant le charleston, mais aussi celles de luttes des classes acharnées dans toute l'Europe et du krach boursier de New York. Les années trente sont alors, plus encore, assombries par l'inflation et le chômage; lorsqu'elles s'achèvent, la Seconde Guerre mondiale éclate. Au cours des six années qui suivent, c'est le rôle important du chemin de fer dans l'économie de guerre et l'armée, qui domine. Les temps ne sont plus aux voyages de vacances ou à l'excursion sans but précis. C'est à la fin des années quarante seulement que la situation redevient normale, que l'on peut envisager de nouveau une évolution continue qui embrasse tous les domaines de la vie.

On s'étonne d'autant plus que les chemins de fer suisses aient fait avancer résolument l'électrification du réseau ferroviaire au cours de cette époque troublée et confuse. Les années de la Première Guerre mondiale avaient impitoyablement fait comprendre combien le pays était dépendant des importations de charbon et, en conséquence, susceptible de céder au chantage. En 1920, les CFF avaient achevé l'électrification de la ligne du Saint-Gothard. Quinze ans plus tard déjà, les trois quarts du réseau ferré suisse étaient électrifiés. Quand éclate la Seconde Guerre mondiale, le degré de cette conversion est tel que le trafic ferroviaire peut être maintenu pratiquement sans restriction, en dépit de l'isolement du pays.

L'électrification est relatée par toute une série d'illustrations dans cet ouvrage. Ce sont elles qui permettent au profane de se rendre compte du tour de force qu'implique alors cette reconversion: consolidation de ponts pour les locomotives électriques plus lourdes que les précédentes, travaux pour la place nécessaire aux caténaires dans les

des Landes praktisch ohne Einbusse aufrechterhalten liess.

Von der Elektrifizierung erzählen eine ganze Reihe von Bildern dieses Bandes. Erst sie machen dem Laien bewusst, welchen Kraftakt die Umstellung bedeutete: Brücken verstärken für die schwereren E-Loks, Platz schaffen für die Fahrleitungen in Tunnels und Unterführungen (durch Tieferlegen der Gleise), Verkabelung und Verlegung der Telegrafendrähte, die jeden Trassenkilometer begleiteten. Fast von Beginn weg produzierten die SBB ihren eigenen Strom: also Bau von Kraftwerken, Druckleitungen und Staubecken in Ambri, Amsteg, Barberine, Vernayaz und Trient, und dies in der unglaublich kurzen Zeitspanne von 1920 bis 1927. Auch den Transport des Stroms übernahmen die SBB in eigener Regie. Das bedeutete den Bau von Unterwerken, Transformatorenstationen, Übertragungsleitungen, Schaltanlagen, Zuleitungen – ein Netzwerk von Kabeln und Drähten, das sich gleichsam über das «zivile» Verteilernetz legte.

Ganz zu schweigen von den Fahrzeugen! Die E-Technik brachte schwerere Loks mit zusätzlichen Laufachsen zum Verteilen des Gewichts: eckige Kolosse mit Stromabnehmern, die wie Insektenglieder an der Fahrleitung zu kleben schienen. Verglich man mit den runden und geschliffenen Formen der Dampflokomotiven, wirkten diese summenden und vibrierenden Kraftpakete unheimlich und bedrohlich. Das galt in noch höherem Mass für die Begleitstruktur, die Fahrleitungsmasten und -brücken, die gläsernen Isolationsschnecken und die summenden Drähte, die sich nun jedes Trassee entlang fanden. Mit ihnen hielten die Warnschilder Einzug, die fortan an jeder Schnittstelle von Publikum und Bahn auf die Gefahren des Starkstroms hinwiesen: ein Totenkopf als Einstiegssymbol in diese neue und unvertraute Technologie.

Leitartikel, Einweihungsreden und Leserbriefe deuten darauf hin, dass vielen Zeitgenossen der Abschied von der Dampftraktion schwer fiel. Hatte man fünfzig oder siebzig Jahre früher noch der letzten Postkutsche nachgetrauert, so war es nun plötzlich die Dampflokomotive mit ihrer malerischen Rauchfahne und dem vertrauten Schnauben, die als zuverlässig und heimatverbunden galt. Dagegen ging von den neuen, fast lautlosen Vehikeln mit ihrer leblosen Kastenform etwas Anonym-Bedrohliches aus. Was war

tunnels et les passages souterrains (par abaissement de la voie, mise sous câble des fils télégraphiques qui accompagnent alors chaque kilomètre de tracé. Dès le début presque, les CFF sont les propres producteurs de leur courant, d'où la construction de centrales électriques, de conduites forcées et de bassins d'accumulation à Ambri, Amsteg, Barberine, Vernayaz et Trient, et tout cela dans un laps de temps incroyablement court (1920 à 1927). Le transport du courant est également assumé par les CFF eux-mêmes. Cela signifie, à l'époque, la construction de sous-stations, de postes de transformateurs, de lignes de transport d'énergie, d'installations de distribution, de conduites d'alimentation ou d'amenée – c'est tout un réseau de câbles et de fils qui se superpose alors en quelque sorte au réseau de distribution «civil».

Sans parler des véhicules! La technique électrique engendre des locomotives plus lourdes à essieux porteurs supplémentaires pour la répartition du poids, colosses anguleux avec prises de courant qui ressemblent à des pattes d'insectes se collant à la caténaire. Comparés aux formes rondes et polies des locomotives à vapeur, ces colosses bourdonnants et vibrants paraissent inquiétants et menaçants en ce temps-là. Cela compte à plus forte raison encore pour la structure accompagnatrice, les mâts et jougs de caténaires, les escargots isolateurs en verre et les fils bourdonnants qui longent dorénavant tous les tracés. Avec eux, on voit apparaître les panneaux avertisseurs qui, dès lors, attirent l'attention sur les dangers du courant à haute tension partout où le public et le chemin de fer sont susceptibles de se croiser: une tête de mort, symbole de danger pour cette nouvelle technologie non familière au public, des éditoriaux, des discours d'inauguration et des lettres de lecteurs relèvent le fait que nombre de contemporains ont de la peine à oublier la traction à la vapeur. Si, cinquante ou septante ans auparavant, on a encore déploré la perte de la dernière diligence, on regrette à présent la locomotive à vapeur avec son pittoresque panache de fumée et son halètement familier, que l'on considère comme fiable et liée à l'image du terroir. A présent, pense-t-on alors, un je-ne-sais-quoi anonyme et menaçant émane de ces nouveaux véhicules presque silencieux. Où en est la tête, où la queue? Où se trouve le conducteur de locomotive, qu'est devenu le chauffeur?

Mais au bout de quelques années déjà, le public reconnaît les avantages de cette nouvelle technique. La durée des voyages s'est raccourcie, les voitures sont bien

vorne, was hinten? Wo sass der Lokführer, was war mit dem Heizer geschehen?

Aber die Vorteile der neuen Technik leuchteten dem Publikum schon nach wenigen Jahren ein. Die Reisezeiten waren kürzer, die Waggons gut beleuchtet und beheizt, und wer das Waggonfenster öffnete, musste nicht mehr damit rechnen, Russ- und Kohlepartikel in die Augen zu bekommen. Spätestens zu Beginn der Dreissigerjahre wurde das Schlagwort von der «weissen Kohle» zum Allgemeingut, wuchs der Stolz auf die eigene Leistung. Sie war weltweit einmalig – kein anderes Land hatte derart konsequent investiert in diese Technologie, die auf fossile Brennstoffe verzichtete; nirgendwo sonst experimentierte man derart intensiv mit Stromsystemen und entwickelte eine solche Vielfalt an Prototypen im Lokbereich. Zur «weissen Kohle» gesellten sich die Kürzel für die grossen Herstellerfirmen wie MFO, BBC, Sécheron oder SLM. Zusammen garantierten diese Begriffe Präzision, Qualität und weltweites Ansehen; tatsächlich gehörte die Elektro-, Lok- und Waggonindustrie zwischenzeitlich zu den wichtigsten Exporteuren des Landes.

Dass sich gerade in den 1930er-Jahren der Stolz auf die technische Leistung, auf den organisatorischen Kraftakt verdichtete zu einem nationalen Mythos, ist kein Zufall. Im Begriffspaket «weisse Kohle» fanden sich nicht nur vermeintlich nationale Tugenden wie Sauberkeit, Findigkeit und Pünktlichkeit, sondern vor allem eines: Unabhängigkeit. Der Strom aus den Bergen machte das Land energiemässig zum Selbstversorger – eine enorm wichtige Sache angesichts von faschistischer Diktatur im Süden und Drittem Reich im Norden!

Ebenso wenig ist es ein Zufall, dass solche Vorstellungen sich verkörperten in einzelnen Loktypen. Äusserst populär wurde beispielsweise die Ce $^6/_8$ mit dem Spitznamen «Krokodil» – eine von MFO entwickelte Güterzuglok, die mit ihren zwei Führerständen und den zwei symmetrisch angeordneten, lang gezogenen Schnauzen die Begriffe «vorne» und «hinten» aufhob und gleichzeitig beweglich wie auch bissig wirkte. Der «Rote Pfeil» der Mittdreissigerjahre, ein Triebwagen mit rotem Anstrich und windschnittiger Haube, verkörperte Tempo und Schönheit und stellte – für Schweizer Verhältnisse – eine fast schon leichtsinnige

éclairées et chauffées, et quand on ouvre les fenêtres, il ne faut plus s'attendre à recevoir des escarbilles dans les yeux. Au début des années trente du XXe siècle au plus tard, le terme de «houille blanche» est devenu courant, la fierté de la performance accomplie dans le pays grandit. Cette dernière est alors unique au monde – aucun autre pays n'a investi aussi résolument ses moyens dans cette technologie qui se passe de combustibles fossiles; nulle part ailleurs on ne fait d'expériences aussi intensément avec des systèmes de courant et on ne met au point une telle variété de prototypes dans le domaine des locomotives. A la «houille blanche» viennent s'associer les sigles des grandes sociétés de production telles que MFO, BBC, Sécheron ou SLM. Ensemble, elles sont garantes des notions de précision, de qualité et de renommée mondiale; l'industrie électrique, ainsi que celle des locomotives et des wagons, se rangent entre-temps parmi les plus importantes branches exportatrices du pays.

Ce n'est pas par hasard que la fierté de cette performance technique évolue jusqu'à devenir un mythe national précisément dans les années 1930. L'accomplissement est un véritable tour de force dans le domaine de l'organisation à l'époque. Le concept global de «houille blanche» sous-entend alors non seulement des vertus soi-disant nationales telles que la propreté, l'inventivité et la ponctualité, mais aussi et surtout une grande valeur: l'indépendance. Le courant électrique dû aux montagnes fait de la Suisse un pays qui pourvoit lui-même à ses besoins en énergie, avantage d'extrême importance face à la dictature fasciste au sud et celle du Troisième Reich au nord!

Ce n'est pas non plus par hasard que de telles vues se concrétisent dans certains types de locomotives. Extrêmement populaire, par exemple, la Ce $^6/_8$ surnommée «Crocodile», une locomotive pour trains de marchandises mise au point par MFO, qui, par ses deux cabines de conduite et ses longs capots, disposées symétriquement, supprime les définitions «avant» et «arrière» et fait en même temps l'impression d'être à la fois aisément maniable et «mordante». La «Flèche rouge» du milieu des années trente, cette automotrice carénée de couleur rouge, est à la fois l'image de la vitesse et de la beauté et – au niveau de la Suisse – une extravagance quasi frivole. Mais c'est avant tout la Ae $^8/_{14}$ présentée en 1939 à l'Exposition nationale, qui attire les projections économiques les plus diverses. Cette «plus puissante locomotive du monde» (12 000 ch)

Extravaganz dar. Vor allem aber zog die 1939 an der Landesausstellung präsentierte Ae $^8/_{14}$ die unterschiedlichsten Projektionen auf sich. Die mit 12 000 Pferdestärken leistungsfähigste E-Lok der Welt meisterte die schwersten Lasten und die steilsten Bergstrecken, so ihre Botschaft – und dies mit der Kraft des Stroms, den ihr eben diese Berge lieferten …

Eine Nation definiert sich über ihre Bahnen: Das gilt für einen Grossteil des Zeitraums, den diese Bilder abdecken. Als habe der Kraftakt der Elektrifizierung die Mobilität zu einem Grundprinzip der Nation gemacht, stieg auch der Stellenwert von Leistungen, die grösstenteils auf die Zeit vor dem Ersten Weltkrieg zurückgingen. Die gigantischen Viadukte, die Tunnels und kühnen Verbauungen aus den Jahren 1900 bis 1920 flossen gleichsam mit ein in eine Formel, welche die Schweiz als Willensnation definierte: Wir haben, trotz denkbar ungünstiger Topografie, die verschiedenen Teile unseres Landes miteinander verbunden. Und wir holen uns die Energie, die es dazu braucht, aus den Bergen, die wir mit enormem Aufwand durchbohren: ganz oben Staumauer und Stausee, im Tal das Kraftwerk, und mittendrin Viadukt und Tunnel, die unserem Trassee ihre eigene Ebene verschaffen.

Zum Symbol für diese Willensleistung wurden einzelne spektakuläre Bauten: die Grande-Fey-Brücke bei Freiburg oder der Stahlbetonviadukt Lorraine in Bern, von vergleichbarer Bedeutung wie der Landwasserviadukt der Rhätischen Bahn bei Filisur. Diese tollkühne Konstruktion hob die Hindernisse der Topografie gleichsam mit einem Doppelschlag auf. Eine hochstelzige Brücke, die irgendwie auf zerklüftetem, abfallendem Terrain ruhte, hob das Trassee in eine Niemandswelt zwischen Schlucht und freiem Himmel und führte es einer senkrecht abfallenden Felswand entgegen, und dies nicht etwa auf direktem Weg, sondern in einer leichten Kurve, die zudem noch eine Steigung von zwanzig Promille aufwies. Ohne Vorgelände, ansatzlos verschwand das Trassee im Berg, verschluckte der Fels den Zug – eine dramatische Szene, die als Postkarte, Plakat oder Ferienfoto zu einem nationalen Emblem wurde, zur Bahn-Ikone.

Auf diesem Standard war die nationale Begeisterung schon einmal angelangt: in den 1880er-Jahren, bei der Eröffnung der Gotthardstrecke mit ihren Kehrtunnels, ihren unzähligen Brücken, Viadukten

vient alors – conformément à sa définition – à bout des charges les plus pesantes et des montées les plus raides dans les montagnes, et cela grâce à la puissance du courant livré par ces mêmes montagnes…

Une nation se définit sur la base de ses chemins de fer. Cette notion s'applique à une grande partie de la période couverte par ces images. Comme si le tour de force de l'électrification avait fait, de la mobilité, un principe fondamental de la nation, on constate alors que certaines réalisations antérieures à la Première Guerre mondiale gagnent de l'importance. Les gigantesques viaducs, les tunnels et les audacieux travaux de soutènement des années 1900 à 1920 viennent en quelque sorte se fondre dans une formule définissant la Suisse comme une nation allant résolument de l'avant. Nous avons réussi, en dépit d'une topographie des plus défavorables, à relier entre elles les différentes parties de notre pays. Et nous puisons l'énergie nécessaire à cet effet dans les montagnes que nous transperçons au prix d'énormes dépenses de temps et d'argent: aux altitudes les plus élevées, des barrages et des lacs artificiels; en vallée, la centrale électrique; entre les deux, les viaducs et les tunnels qui procurent à nos tracés la surface plane appropriée à leurs besoins.

Certaines constructions spectaculaires deviennent le symbole de ces actes de volonté: le viaduc de Grandfey près de Fribourg ou le pont en béton armé de la Lorraine, à Berne, comparables, à l'échelle des valeurs, au viaduc de Landwasser du Chemin de fer rhétique près de Filisur. Cette construction extrêmement audacieuse semble faire abstraction des obstacles de la topographie par un coup double. Un pont haut perché, posé on-se-demande-comment sur un terrain crevassé, abrupt, porte le tracé dans un «no man's land» planant entre la gorge et le ciel, pour le mener en direction d'une paroi rocheuse verticale, et cela en ligne non pas droite, mais légèrement incurvée qui, de plus, comporte encore une pente de 20 pour mille. Sans terrain d'accès, sans espace intermédiaire, le tracé disparaît dans la montagne, le rocher engloutit le train, scène dramatique qui, sous forme de carte postale, d'affiche ou de photo de vacances, devient alors un emblème national, une icône du rail.

C'est à ce niveau que s'est portée une fois déjà la ferveur nationale: dans les années 1880, lors de l'inauguration de la ligne du Saint-Gothard avec ses tunnels hélicoïdaux, ses innombrables ponts, viaducs et rampes. D'une manière générale, l'électrification constitue en

und Rampen. Überhaupt bildet die Umstellung auf Strombetrieb so etwas wie die Neuauflage eines anderen Kraftakts. 1852 hatte die Schweiz als einzige mitteleuropäische Nation bloss ein paar mickrige Schienenkilometer vorzuweisen. Genau drei Jahrzehnte später wurde die Gotthardachse eröffnet und hatte das Mittelland ein Schienennetz von rund 2000 Kilometern Gesamtlänge vorzuweisen. Der «Baedeker»-Reiseführer von damals beschrieb die Fahrt über den Gotthard mit sämtlichen Kunstbauten, als handle es sich um historische Sehenswürdigkeiten. Fünfzig Jahre später warben die SBB für eine Fahrt von Luzern nach Bellinzona auf der frisch elektrifizierten Linie – so als verleihe allein die veränderte Traktionsart der Reise eine völlig andere Qualität.

Dass die Geburtsjahre der Bahn und der Fotografie so nahe beisammen liegen, kann ja kein Zufall sein. 1825 Stephensons Rocket, 1827 Niepces erstes Hinterhof-Foto. Hier treffen zwei neu geschaffene Geschwindigkeiten aufeinander: Verschlusszeiten der Kamera, Beschleunigung der Dampfkolben. Wer sein Stativ in die Landschaft stellte, um einen vorbeibrausenden Zug einzufangen, musste diesen Zusammenprall in einer Gleichung mit mehreren Variablen lösen: Lichtempfindlichkeit von Film oder Glasplatte, Belichtungszeit und Blendenwerte, und das alles ausgelegt auf das voraussichtliche Stundenmittel des erwarteten Zugs. Manche Amateure hielten diese Werte schriftlich fest, kritzelten sie hinterher auf die Glasplatte oder den Mittelbalken ihres Stereodias: Datum, Uhrzeit, Wetter, Blende, Verschlusszeit, Meter pro Sekunde. Die Formel, die sich daraus ergab, legte gleichsam den gemeinsamen Nenner zweier Technologien fest. Für das Auge bewegte sich der Zug, für die Kamera hielt er still.

Dass sich die Bahn bewegt, wird garantiert durch ruhende Strukturen: Bahnhöfe, Werkstätten, einen landesweiten Signal- und Sicherungsdienst. Die technischen Hilfsmittel, die dieser Band zeigt, wirken oft denkbar bescheiden. Ein Signalhorn, ein Wagenschlüssel, eine Schrankenkurbel, mit der die Bahnwärtersfrau die Barrieren hochwuchtet oder herunterrasseln lässt. Umso reichhaltiger aber, und das beweisen schon die Geranientöpfe vor dem Stationsgebäude, ist die emotionale Garnitur, mit der sich die Institution Bahn schmückt, die Fauna und Flora der Schienenwelt.

quelque sorte la réédition d'un autre tour de force. En 1852, la Suisse est la seule nation d'Europe centrale à ne disposer que de quelques minables kilomètres de rail. Trois décennies plus tard exactement, on inaugure l'axe du Saint-Gothard et le Plateau peut faire état d'un réseau ferré d'une longueur totale de quelque 2000 kilomètres. Le guide «Baedeker» de l'époque décrit le trajet par le Saint-Gothard avec l'intégralité de ses ouvrages d'art, comme s'il s'agissait de curiosités historiques. Cinquante ans plus tard, les CFF font de la publicité pour un voyage de Lucerne à Bellinzone sur la ligne fraîchement électrifiée, comme si la nouvelle technique de traction prêtait à ce voyage une qualité totalement différente.

Le fait que les années de naissance du chemin de fer et de la photographie soient si proches l'une de l'autre ne peut pas être dû au hasard: en 1825, «The Rocket» (la Fusée) de Stephenson, en 1827, la première photo d'une arrière-cour de Niepce. Deux genres de vitesse nouvellement créés s'y rejoignent: vitesse d'obturateur de l'appareil photographique, accélération des pistons de la machine à vapeur. Ceux qui placent alors leur trépied en plein paysage pour capter l'image d'un train qui passe doivent résoudre une équation à plusieurs variables pour trouver l'instant propice au déclic: photosensibilité de la pellicule ou de la plaque, temps de pose et choix du diaphragme – et tout cela réglé en fonction de la vitesse moyenne du train attendu. Certains amateurs retiennent ces valeurs, les griffonnent sur la plaque ou sur la bande médiane de leur diapositive: date, heure exacte, temps qu'il fait, diaphragme, vitesse d'obturateur, mètres par seconde. La formule qui en résulte détermine en quelque sorte le dénominateur commun de deux technologies. Pour le regard, le train est en mouvement, pour l'appareil photographique, il est à l'arrêt.

Le mouvement du train est garanti par des structures qui sont stationnaires: gares, ateliers, installations de signalisation et de sécurité. Les instruments techniques montrés dans le présent ouvrage paraissent souvent fort modestes: une trompe, avertisseur sonore, une clé à wagon, la manivelle au moyen de laquelle la garde-barrière hisse ou abaisse la barrière. Le chemin de fer, en tant qu'institution, soigne son image de marque; la tenue du personnel et les géraniums placés devant les gares l'attestent.

A l'époque dont il est question ici, les structures hiérarchiques sont plus marquées, les «emblèmes du pou-

In der Zeit, von der wir hier sprechen, sind die Hierarchien steiler, entsprechend zahlreicher die Insignien der Macht. Das Personal trägt Rangabzeichen, der Bahnhofvorstand und der Zugführer sind in ihrer Funktion erkennbar, selbst die Dienstmänner mit ihren steilen Schubkarren tragen Mützen, die ihnen eine halboffizielle Position verleihen. Strenger als heute, im Zeitalter der gelegentlichen Billettkontrollen, nehmen die Beamten das reisende Publikum unter Aufsicht, weisen es ein in die ihm zustehende Welt: harte Bänke aus schmalen Holzlatten für Drittklass-Passagiere, Polstersitze für die Betuchten der ersten Klasse. So ernst nimmt man diese Rangordnung, dass der Kondukteur am Ende der Fahrt die geknipsten Fahrkarten einsammelt und in seiner Tasche verstaut – so als handle es sich um eine Auszeichnung, die sich der Reisende jedes Mal neu verdienen müsse.

Wie zum Ausgleich dieser Ernsthaftigkeit offerierte der Bahnhof von damals eine gesellige, bunte Welt im Kleinen. Kiosk, Ausschank und Würstchenstand sind uns noch heute vertraut, aber verschwunden sind unterdessen die Dienstleute und die Schuhputzer auf ihren Hockern, selbst die Schuhputzmaschinen mit ihren kreisenden Bürsten. Zum Standardangebot gehörten ein Automat mit Karamellen und eine Personenwaage mit Münzeinwurf, als gelte es, vor Antritt der Reise noch schnell das Lebendgewicht festzuhalten. Weiter gab es eine Art Privatkino mit Sehschlitz, das nach Einwurf einer Münze ein Dreiminutenfilmchen mit Charlie Chaplin oder Buster Keaton offerierte. In den Bahnhofbuffets – auch sie zumindest nach erster und zweiter Klasse unterteilt – ging eine Blumenverkäuferin von Tisch zu Tisch, und für allein reisende junge Frauen, die ein Plakat mut- und ratlos neben einem Koffer sitzend zeigte, gab es eine diskrete Beratungsstelle. Hier händigten – jedenfalls in meiner Phantasie – resolute ältere Damen Übernachtungsgutscheine aus, brauten Tee für ihre Schützlinge und hörten sich aufgeregte Geschichten von Schleppern und Mädchenhändlern an.

Was mich zurückbringt zu meinen Erinnerungen und zur bahneigenen Institution, die ihre Fauna und Flora am entschiedensten verteidigt hat: dem Bahnhofbuffet. Diese «betriebseigene Verpflegungsstätte» (so der Fachjargon) sollte nicht verwechselt werden mit dem

voir» sont d'autant plus nombreux. Les cheminots arborent les insignes de leur rang respectif. Le chef de gare et le chef de train sont reconnaissables dans leurs fonctions, même les porteurs avec leur brouette particulière portent des casquettes qui leur confèrent une position semi-officielle. Les voyageurs qui se déplacent dans le train sont alors contrôlés plus sévèrement qu'aujourd'hui où la vérification des billets est plus sporadique. A cette époque, on les renvoie au monde qui leur est assigné: banquettes dures faites d'étroites lattes en bois pour les passagers de troisième classe, sièges capitonnés pour les cossus de première classe. Tant est le sérieux avec lequel on considère cette classification que le contrôleur collecte à la fin du trajet les billets poinçonnés et les case dans son sac, comme s'il s'agissait d'une distinction que le voyageur doit re-mériter à chaque reprise.

Comme pour compenser tant de sérieux, la gare réserve alors à l'usager un petit monde convivial et coloré. Le kiosque, la buvette et le stand de saucisses nous sont encore familiers aujourd'hui, mais les porteurs et commissionnaires ainsi que les cireurs sur leur tabouret ont disparu depuis lors, et même les cireuses mécaniques avec leurs brosses rotatives n'existent plus. L'équipement standard comportait un distributeur automatique de caramels et un pèse-personne fonctionnant après introduction d'une pièce de monnaie, comme s'il s'agissait, pour le passager, de retenir encore son «poids vif» avant d'entreprendre le voyage. Il y avait en outre une espèce de cinéma privé qui faisait voir, en échange d'une pièce de monnaie, un mini-film de trois minutes avec Charlie Chaplin ou Buster Keaton. Dans les buffets de la gare – eux aussi subdivisés au moins en première et seconde classe – une vendeuse de fleurs allait de table en table, et pour les jeunes femmes voyageant seules qui, découragées et perplexes se tenaient à côté de leur valise, il y avait un service de consultation discret. Là, des dames énergiques d'un certain âge, dispensaient – du moins dans mon imagination – des bons pour des nuitées, préparaient du thé pour leurs protégées et se faisaient relater les histoires dramatiques de racoleurs sans scrupules qui pratiquaient la traite des blanches.

Ce qui me ramène à mes souvenirs et à l'institution propre aux chemins de fer, qui, parmi toutes les autres, a su le mieux faire survivre sa «faune et sa flore»: le buffet de la gare. Cet «établissement public propre à l'entreprise» ne

zahlreich vertretenen «Gasthaus zum Bahnhof» oder «Restaurant de la gare», obwohl sich auch hier noch Gaststuben mit viel Cachet finden. Das echte Buffet ist im Bahnhof selbst oder in einem zum Komplex gehörigen Gebäude untergebracht, und es verfügt über einen rauen Charme, der sich den Verzicht auf adrettes Benehmen leisten kann.

Noch vor zwanzig Jahren war dies der Ort, wo man nach durchzechter Nacht eine Mehlsuppe bestellte, vielleicht auch ein Frühstück aus Rösti und gebratener Leber mit viel Zwiebeln. Man sass Seite an Seite mit reizbaren Charakteren, die den Tag mit einem grossen Hellen oder einem Zweier Weissen begannen, und dies an einem Tisch, in dessen Mitte ein schmiedeeiserner Aschenbecher mit einem Aufsatz für Gratis-Streichhölzer stand. Die Kellnerinnen duzten ihre Gäste und scheuten nicht davor zurück, wenn nötig einen der reizbaren Typen vor die Türe zu setzen.

Es gibt sie auch heute noch, diese Mischung aus Wartsaal und Gaststätte mit ihren verblichenen Wandgemälden und den immer leicht filzigen Biertellern. Anders als im Café oder in der Pizzeria darf der Buffetgast zeigen, dass er mit einem Fuss zu Hause ist und mit dem anderen unterwegs; er stellt seinen Koffer neben den Tisch und wirft den Mantel über die Stuhllehne mit einer Geste der Vorläufigkeit, die ihm im Alltag nur selten so gelingt. Und vielleicht lässt er sogar den Anschlusszug sausen und den nächsten gleich mit, schaltet das Mobiltelefon aus und geniesst die Anonymität des Augenblicks. Anders als bei einer Flugreise steht sein Name nirgendwo auf einer Liste, gibt es keine letzten Aufrufe.

Wie bereits erwähnt: Wer Bahn fährt, ist nicht mehr hier und noch nicht dort. Das gilt für damals wie für heute.

doit pas être confondu avec le «Restaurant de la gare» ou le «Gasthaus zum Bahnhof», existant en grand nombre, bien que, là aussi, on trouve encore des établissements ayant beaucoup de cachet. L'authentique «Buffet» est intégré à la gare ou à un complexe de bâtiments faisant partie de cette dernière et possède un charme un peu fruste qui peut s'offrir le luxe de renoncer à un comportement impeccable.

Il y a vingt ans encore, c'était l'endroit où l'on commandait une soupe à la farine après une nuit de beuverie ou peut-être un petit déjeuner composé de röstis et de foie de veau poêlé avec beaucoup d'oignons. On y était assis côte à côte avec des caractères irritables qui commençaient la journée avec une double bière blonde ou deux décis de blanc et ce, devant une table au milieu de laquelle trônait un cendrier en fer forgé surmonté d'un élément destiné à loger des allumettes gratuites. Les sommelières tutoyaient leurs clients et ne craignaient pas de mettre à la porte l'un des personnages irritables en cas de besoin.

Il existe bien de nos jours encore, cet amalgame de salle d'attente et de restaurant, avec ses peintures murales défraîchies et ses dessous-de-verre restés légèrement feutrés. A la différence du café ou de la pizzeria, le client du buffet peut y faire voir qu'il a encore un pied chez lui, alors que l'autre est déjà en chemin: il pose sa valise à côté de la table et jette son manteau sur le dossier de sa chaise dans un geste marquant son état provisoire, geste qu'il ne réussit que rarement ainsi dans sa vie de tous les jours. Peut-être même laissera-t-il filer sa communication et même la suivante, embranchera-t-il son portable et jouira-t-il de son anonymat du moment. Au contraire de ce qui se passe lors d'un voyage en avion, son nom ne figure nulle part sur une liste et il n'y a pas d'ultimes appels.

Nous l'avons dit: celui qui se déplace en train n'est plus ici et pas encore là. Cela était vrai à l'époque et l'est encore aujourd'hui.

Hinter den Eisenbahnkulissen

Dans les coulisses de la scène ferroviaire

Die Eisenbahn und im Speziellen die Schweizerischen Bundesbahnen (SBB) haben in den letzten hundert Jahren einen enormen technischen Fortschritt erlebt. Die nachfolgend zusammengestellten Bilder ermöglichen einen Blick hinter die Kulissen der SBB: etwa auf die Entwicklung der Traktion von der Dampflok über das Krokodil bis zur laufachsenlosen Drehgestell-Lok Re 4/4. Aber auch Kuriositäten wie längst verschwundene Schiebebühnen oder die Gasturbinenlok sollen hier vorgestellt werden.
Doch im Zentrum der Geschichte der Bahn steht immer der Mensch: Bahnarbeiter im Gleisbau, Wärter in Rangierbahnhöfen, Schlosser in Werkstätten, Lokomotivführer, Streckenwärter, Stellwerkbeamten. Sie alle haben in der ersten Hälfte des letzten Jahrhunderts dazu beigetragen, die SBB aufzubauen. Ihnen allen war und ist eines gemeinsam: die grosse Verantwortung, die sie bei der Ausführung ihres Berufes – bei Wind und Wetter, teilweise ganz auf sich allein gestellt – tragen, damit die Eisenbahn tagtäglich ohne grössere Pannen fährt, damit Menschen und Güter pünktlich und schadlos ihr Ziel erreichen. So haben sie zum Wohlstand eines ganzen Landes beigetragen – die eindrücklichen Bilder legen davon Zeugnis ab und nehmen uns mit auf eine Fahrt in die Vergangenheit. Gute Reise!

Le chemin de fer en général et les Chemins de fer fédéraux suisses (CFF) en particulier ont vécu ces cent dernières années au rythme d'un formidable progrès technique. La locomotive, par exemple, a connu une métamorphose étonnante: de la machine à vapeur à la crocodile et jusqu'à la Re 4/4 à bogies, sans essieux porteurs. Les images rassemblées dans cet ouvrage permettent de vivre cette passionnante évolution et même de s'introduire dans les coulisses des CFF. Ainsi, les curiosités ont aussi leur place ici, à l'exemple des ponts transbordeurs ou de la locomotive à turbine à gaz.
Mais au centre de l'activité ferroviaire, il y a toujours l'homme, le cheminot. Qu'il soit de la voie ou de la manœuvre, aiguilleur ou chef de mouvement, ou encore mécanicien de locomotive ou serrurier dans les ateliers. Eux tous ont contribué à faire des CFF ce qu'ils sont. Et ils ont tous la même motivation et le même sens des responsabilités. Par n'importe quel temps et parfois dans la solitude, ils sont à la tâche pour que les trains roulent à l'heure, pour que gens et biens arrivent sains et saufs à destination. C'est ainsi que les cheminots contribuent au bien-être de tout le pays. Les illustrations de cet ouvrage en sont le témoignage, tout en emportant le lecteur dans un passionnant périple à travers le temps et à travers la Suisse. Bon voyage!

Bis 1919 setzten die noch jungen SBB mit Ausnahme des Simplon und der Versuchsstrecke Seebach–Wettingen ganz auf den Dampfbetrieb. Die kohlefressenden Stahlrosse mussten täglich gewartet werden. Dazu gehörte das Auswaschen des Kessels und kleinere Reparaturen an den fahrenden «Kochtöpfen». Auf grosser Fahrt verlangten die Dampflokomotiven regelmässig Nachschub für das Feuer, und für das Schmieren und Ölen der Getriebe und Gestänge standen verschiedene Kännchen im Führerstand bereit (rechts der Führerstand einer C 5/6).

Jusqu'en 1919, les jeunes CFF sont totalement tributaires de la traction à vapeur, à l'exception du Simplon et d'essais sur Seebach–Wettingen. Grands mangeurs de charbon, les coursiers d'airain doivent être entretenus quotidiennement. Cela comprend le nettoyage de la boîte à fumée et de petites réparations aux chaudrons ambulants. En ligne, les locomotives à vapeur exigent un approvisionnement régulier pour le feu, alors que pour la lubrification de l'embiellage diverses burettes garnissent la cabine du mécanicien (à droite, la cabine d'une C 5/6).

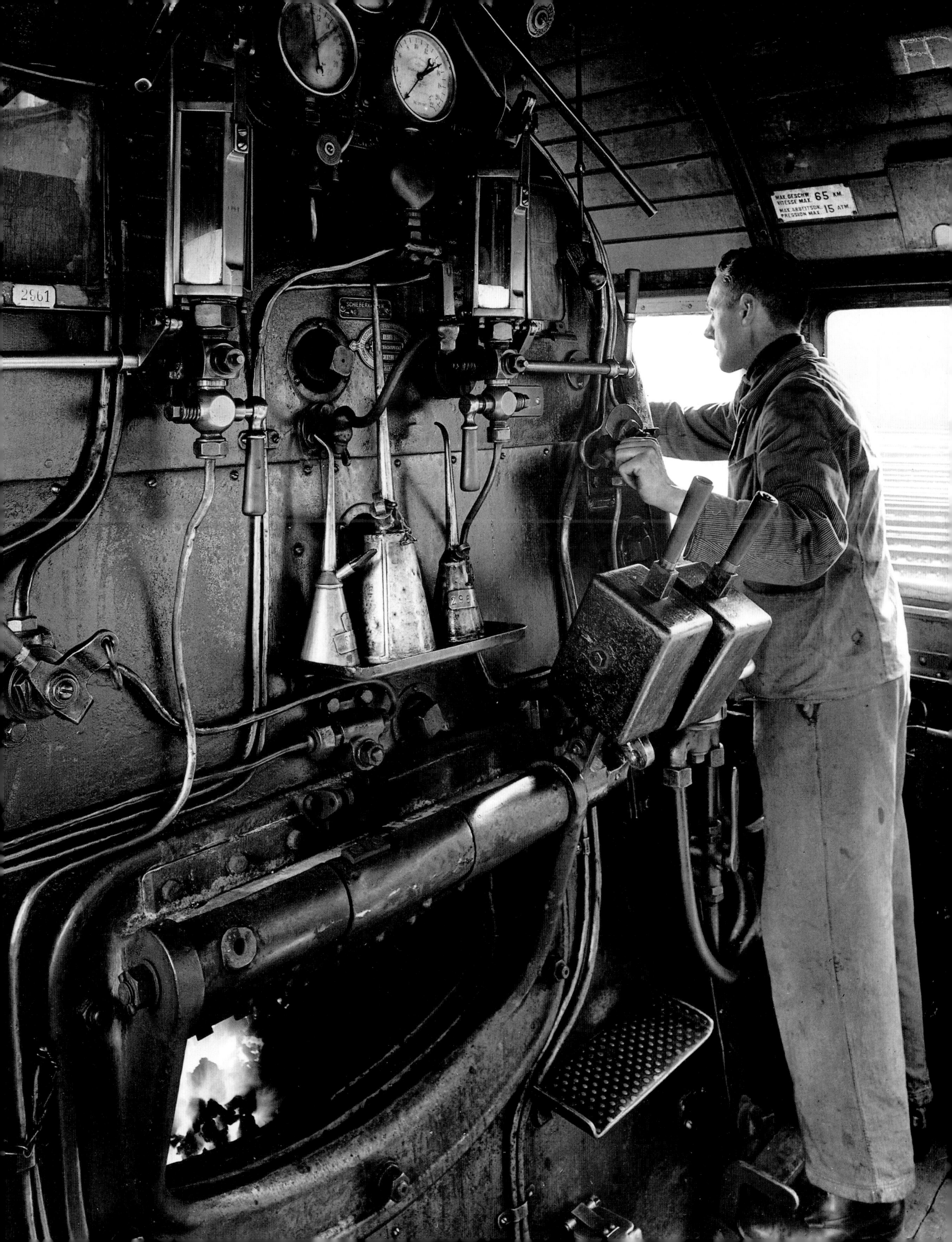
2961
MAX. GESCHW. VITESSE MAX. 65 KM.
MAX. ARBEITSDK. PRESSION MAX. 15 ATM.

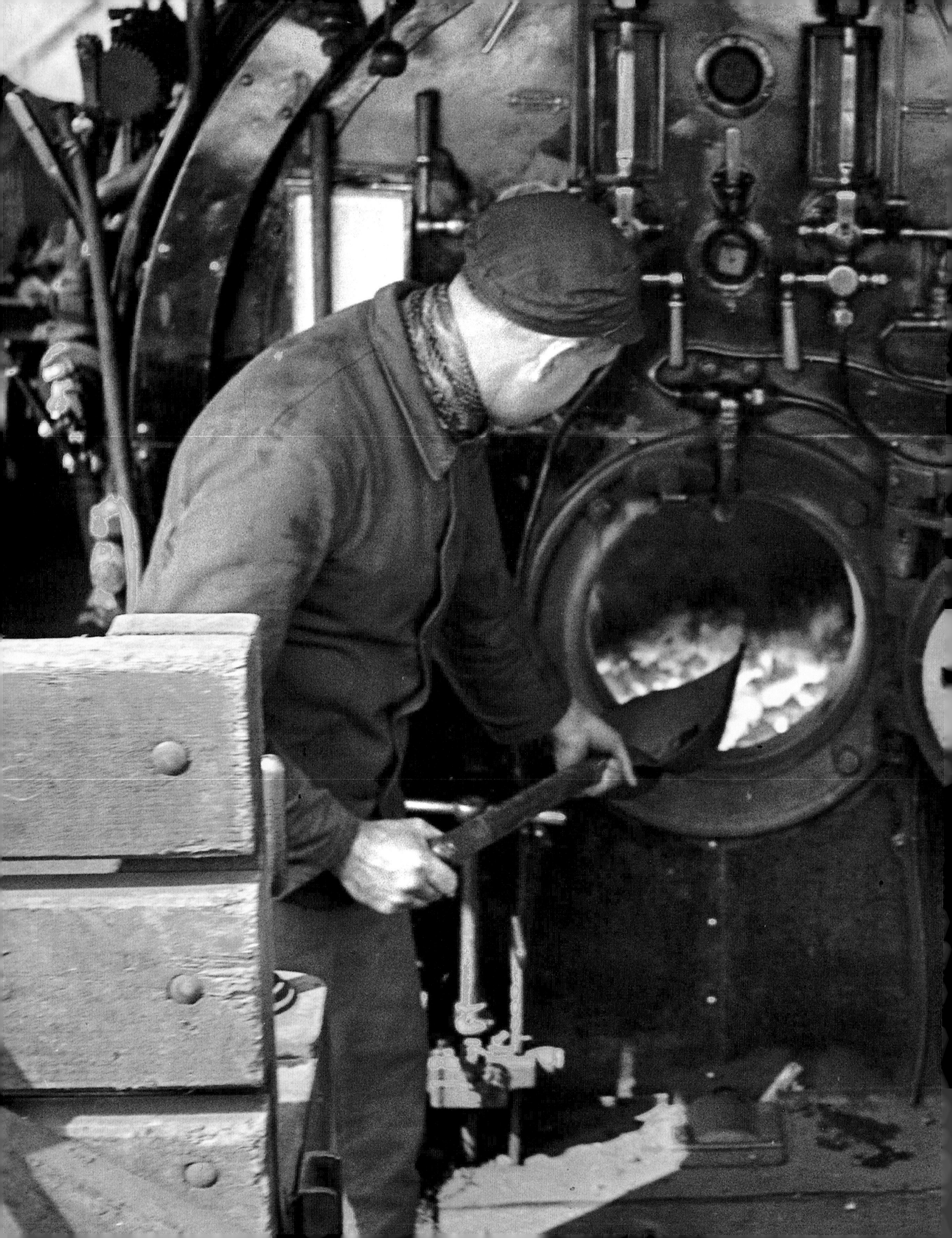

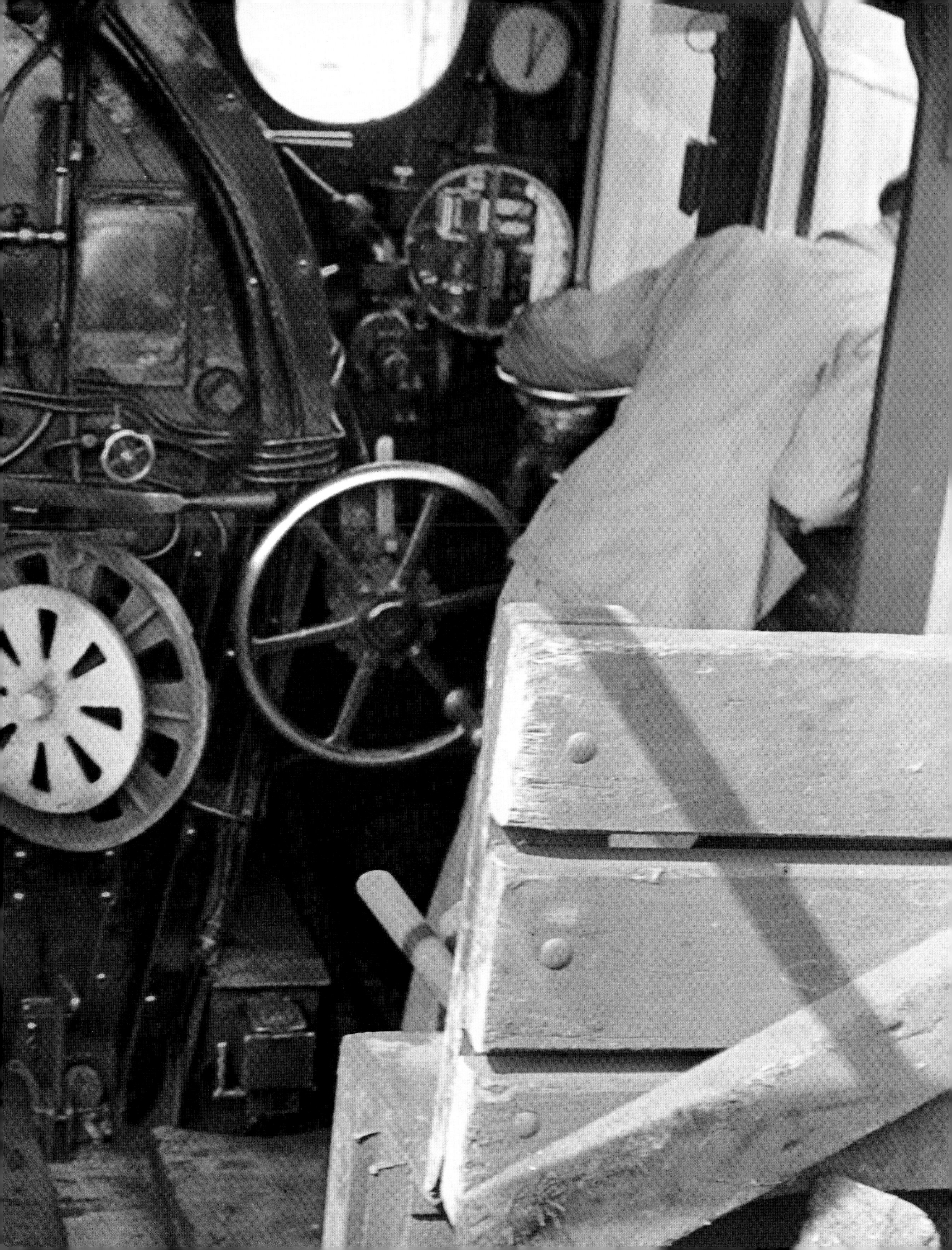

Vorangehende Doppelseite: Im Führerstand herrschte strenge Hierarchie und Ordnung. Der Platz des Lokomotivführers war rechts am so genannten Regler, dem grossen Rad zur Regulierung des Dampfdrucks auf die Zylinder und damit der Geschwindigkeit. Links stand der Heizer, der die Kohlen zu schippen und aus seinem Fenster die normalerweise links stehenden Signale zu beachten hatte.

Double page précédente: Dans la cabine de conduite, la hiérarchie et l'ordre sont de rigueur. Le poste du mécanicien se trouve à droite, au régulateur, la grande roue destinée à moduler l'admission de vapeur dans les cylindres et donc la vitesse. A gauche se tient le chauffeur qui entretient le feu et doit observer les signaux qui sont normalement placés à gauche de la voie.

Alltagsszene im Bahnhof Hinwil. Die Gleise waren in das Kiesbankett eingelassen, damit Passagiere und Personal besser zirkulieren konnten. Die Tenderdampflokomotiven für Nebenlinien – wie hier die Ec 3/5 Nr. 6602 und Eb 3/5 Nr. 5802 – konnten in beiden Richtungen mit Höchstgeschwindigkeit verkehren.

Scène de la vie quotidienne en gare de Hinwil. A défaut de quais, les voies sont noyées dans la terre battue, de manière à permettre le mouvement des voyageurs et du personnel. Les locomotives-tender – ici Ec 3/5 n° 6602 et Eb 3/5 n° 5802 – peuvent circuler en marche arrière sans restriction de vitesse.

Im Gegensatz zu den Tenderloks musste das Personal die schweren und auch stärkeren Schlepptendermaschinen vor jedem Fahrrichtungswechsel auf der Drehscheibe wenden. Hier geben sich zwei der berühmten Schnellzugloks vom Typ A 3/5 ein Stelldichein.

Contrairement aux locomotives-tender, les lourdes et puissantes locomotives à tender séparé doivent être virées sur le pont tournant à chaque changement de sens. Ici, le rendez-vous de deux célèbres locomotives A 3/5 pour trains directs.

Folgende Doppelseite: Vor dem Zürcher Depot Feldstrasse sind verschiedene Eb 3/5, je eine A 3/5 und E 4/4 sowie eine elektrische Ae 4/7 versammelt.

Double page suivante: A Zurich devant le dépôt de Feldstrasse où se trouvent rassemblées différentes Eb 3/5, une A 3/5, une E 4/4 et une locomotive électrique Ae 4/7.

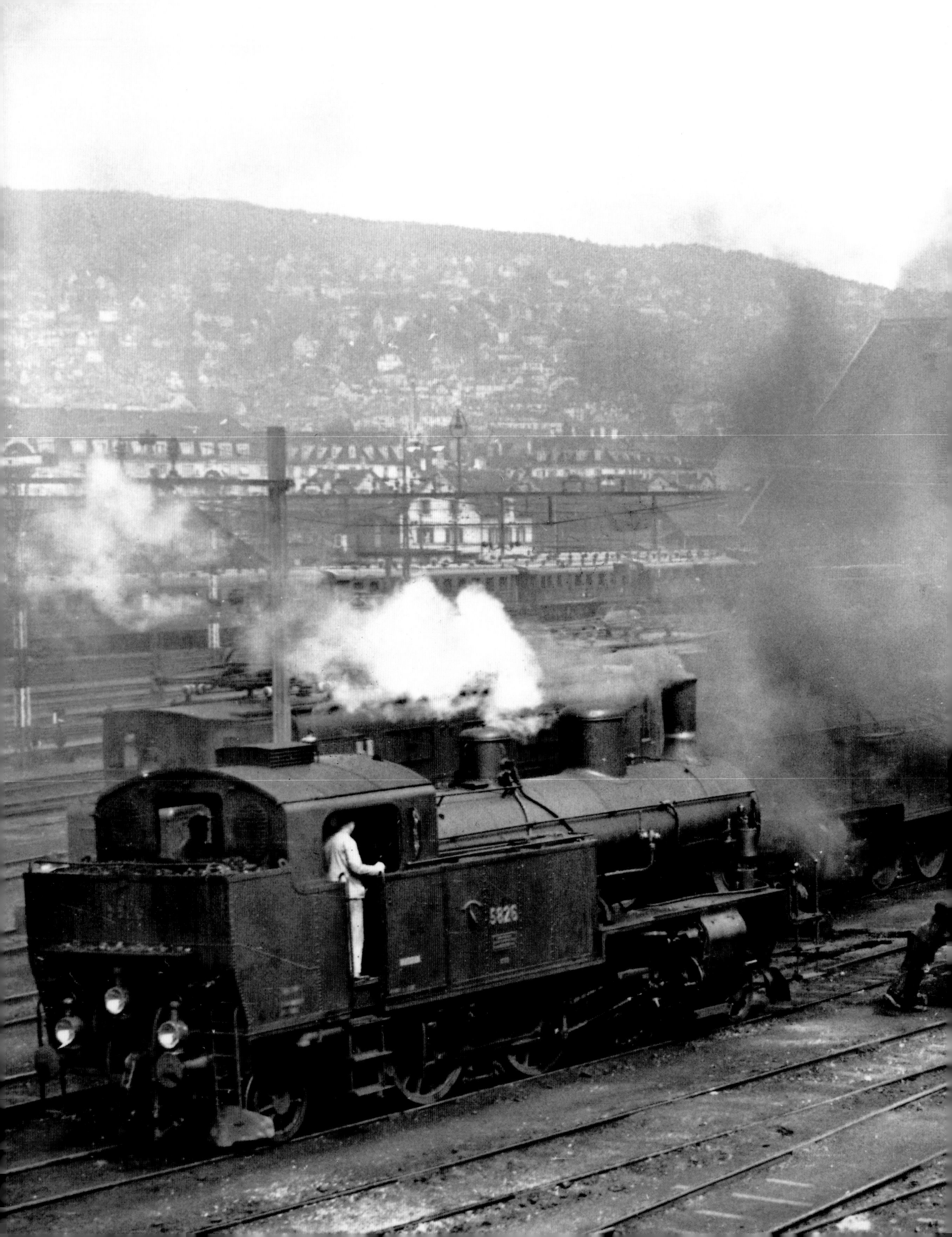
5826

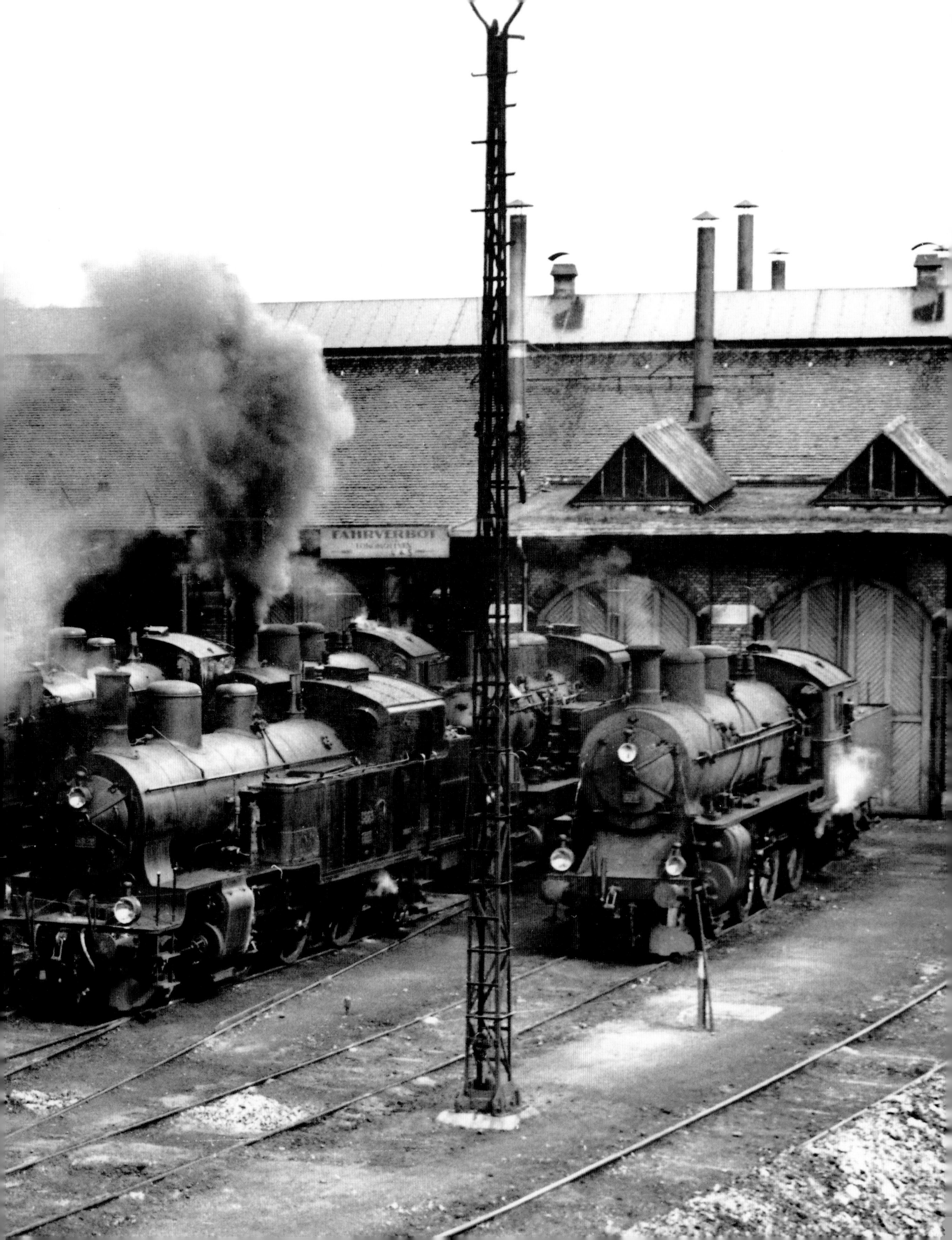
FAHRVERBOT

Einphasen-Versuchslokomotiven der Maschinenfabrik Oerlikon (MFO) auf der Strecke Seebach–Wettingen: Oben passiert «Eva», die Urmutter aller heutigen Einphasen-Wechselstromloks, eines der primitiven Signale, die damals die Strecke sicherten. Unten die etwas jüngere Lok Nr. 2 «Marianne» mit Ingenieuren auf der Strecke.

Locomotives d'essai à courant monophasé des Ateliers de construction Oerlikon (MFO) sur la ligne Seebach–Wettingen. En haut Eva, l'aïeule de toutes les locomotives à courant alternatif monophasé devant un signal primitif. En bas Marianne, la locomotive un peu plus jeune n° 2 en ligne avec des ingénieurs.

Die Drehstromlok Fb 3/5 Nr. 365 steht mit einem Schnellzug im Bahnhof Brig bereit. Der grosse Nachteil des Drehstroms war die zweipolige Fahrleitung und die damit verbundene aufwendige Installation bei komplizierten Gleisanlagen.

Locomotive à courant triphasé Fb 3/5 n° 365 en tête d'un train direct en gare de Brigue. L'inconvénient du courant triphasé, c'est la ligne de contact bipolaire (deux fils parallèles) qui exige des installations onéreuses dès que les aiguillages se multiplient.

Folgende Doppelseite: Im Jahr 1921 stehen Entwicklungen der Brown, Boveri & Cie. (BBC) – die in der Zwischenzeit ebenfalls zur Produktion von Einphasen-Wechselstromfahrzeugen übergegangen war – vor dem Depot Bern: die Ae 3/6 I, die Versuchslokomotive Be 2/5 «Midi» und die Gotthard-Schnellzuglok Be 4/6 (von links nach rechts).

Double page suivante: Devant le dépôt de Berne, locomotives construites par Brown, Boveri & Cie (BBC), firme qui se lance également dans la production de matériel en courant alternatif monophasé. De gauche à droite, Ae 3/6 I, prototype Be 2/5 «Midi» et Be 4/6 pour les trains directs du Saint-Gothard.

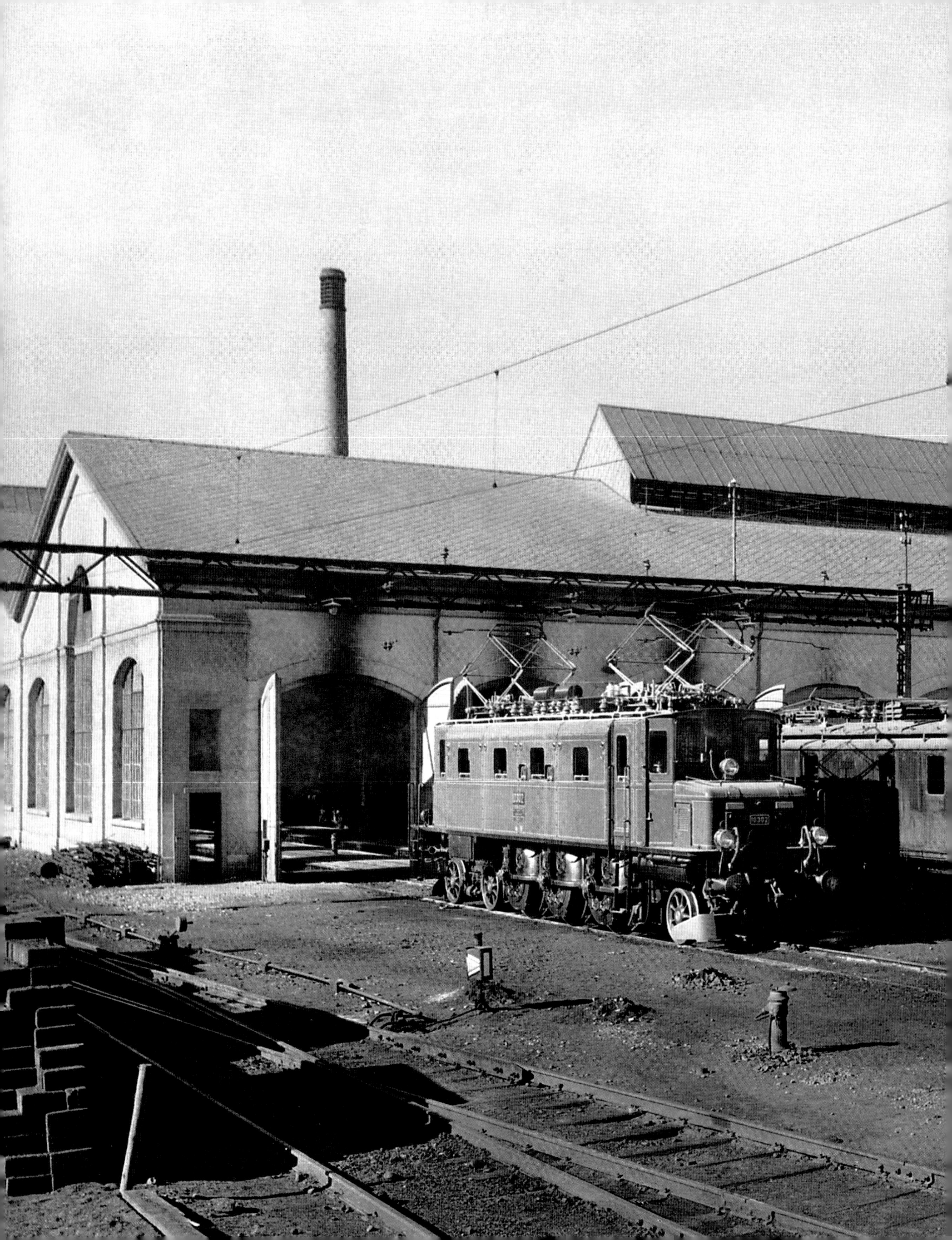

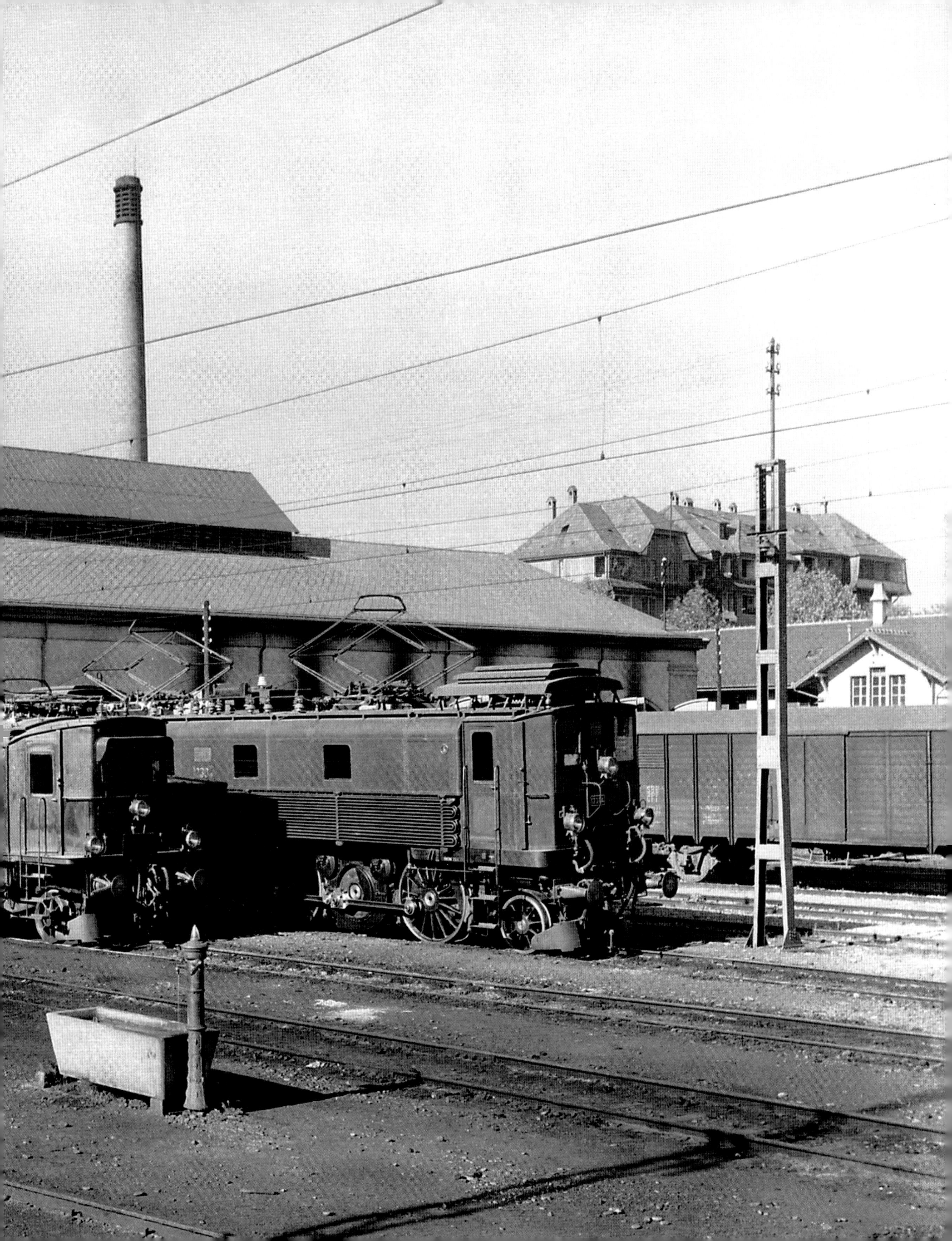

Mit dem Einzug der Elektrotraktion wandelten sich auch die Einrichtungen der Unterhaltsanlagen und das Berufsbild der Mannschaften. Neu waren Elektromechaniker, die an Statoren arbeiteten; geblieben sind die Schlosserarbeiten und die manuelle Reinigung von Fahrwerken und Chassis.

L'avènement de la traction électrique modifie les installations et les méthodes d'entretien, de même que les métiers du personnel. Il y a des métiers nouveaux, tel que celui de mécanicien-électricien qui travaille ici sur un stator (inducteur), alors que d'autres évoluent, notamment pour les travaux de serrurerie et le nettoyage manuel des organes de roulement et du châssis.

Folgende Doppelseite: Im Mai 1918 bekam die MFO den Zuschlag, für die Gotthardstrecke eine Güterzuglokomotive zu bauen. Vom daraus entstandenen, weltberühmten «Krokodil» wurden im Werk Oerlikon schliesslich 51 Maschinen in zwei Bauarten gebaut.

Double page suivante: En mai 1918, MFO obtient la mission de créer une locomotive pour trains de marchandises au Saint-Gothard. Il en résulte la fameuse «crocodile» dont 51 exemplaires seront construits selon deux modèles distincts.

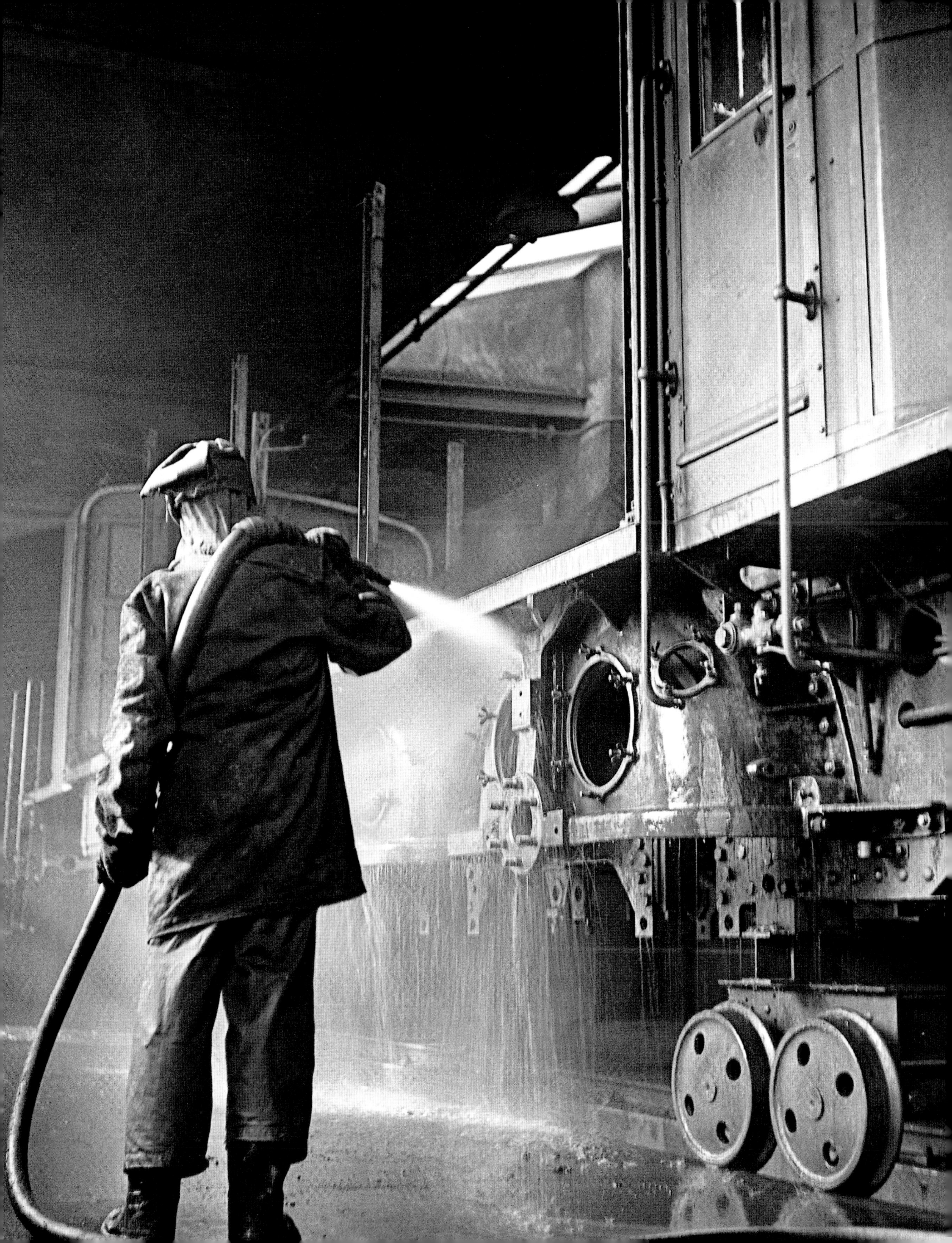

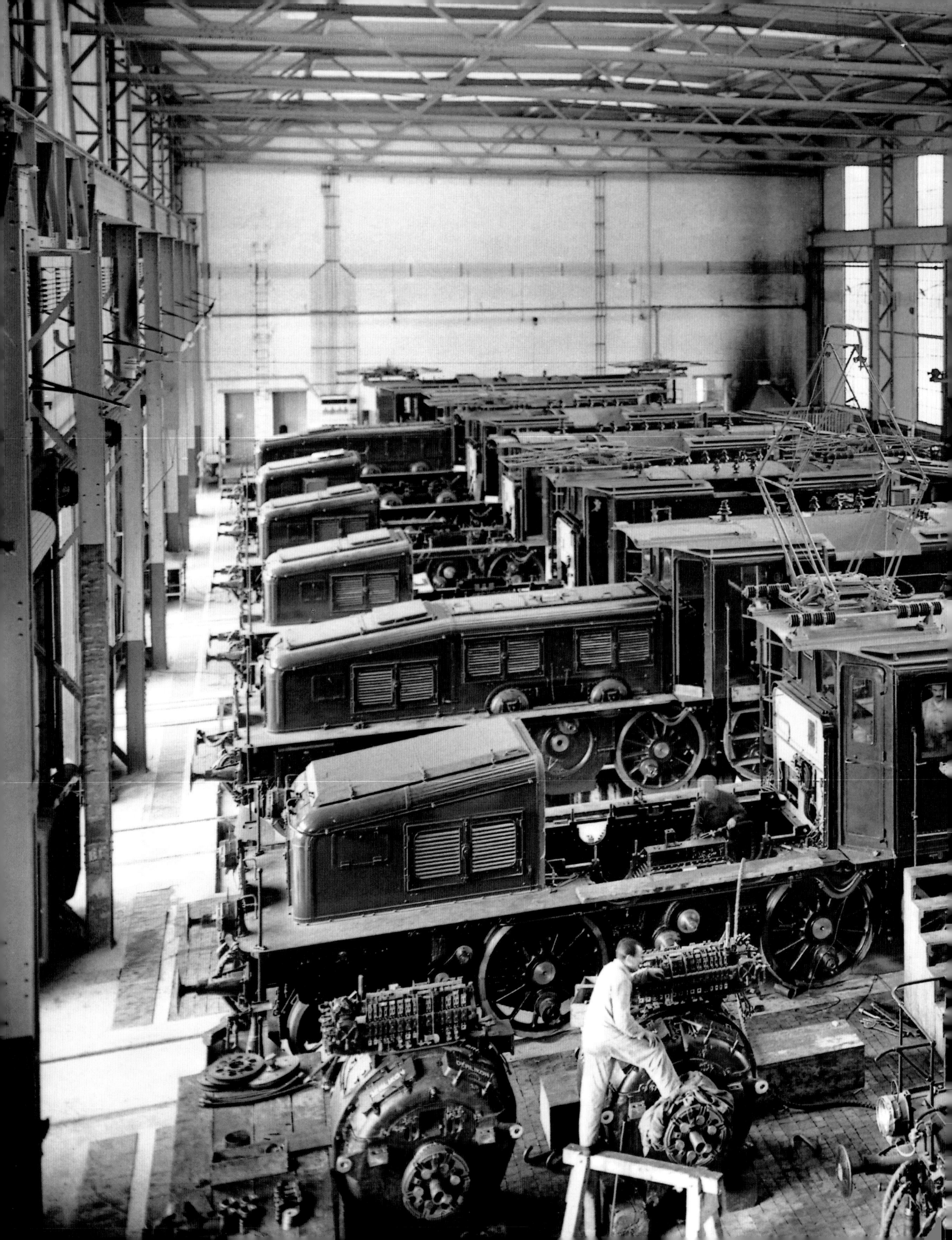

OERLIKON

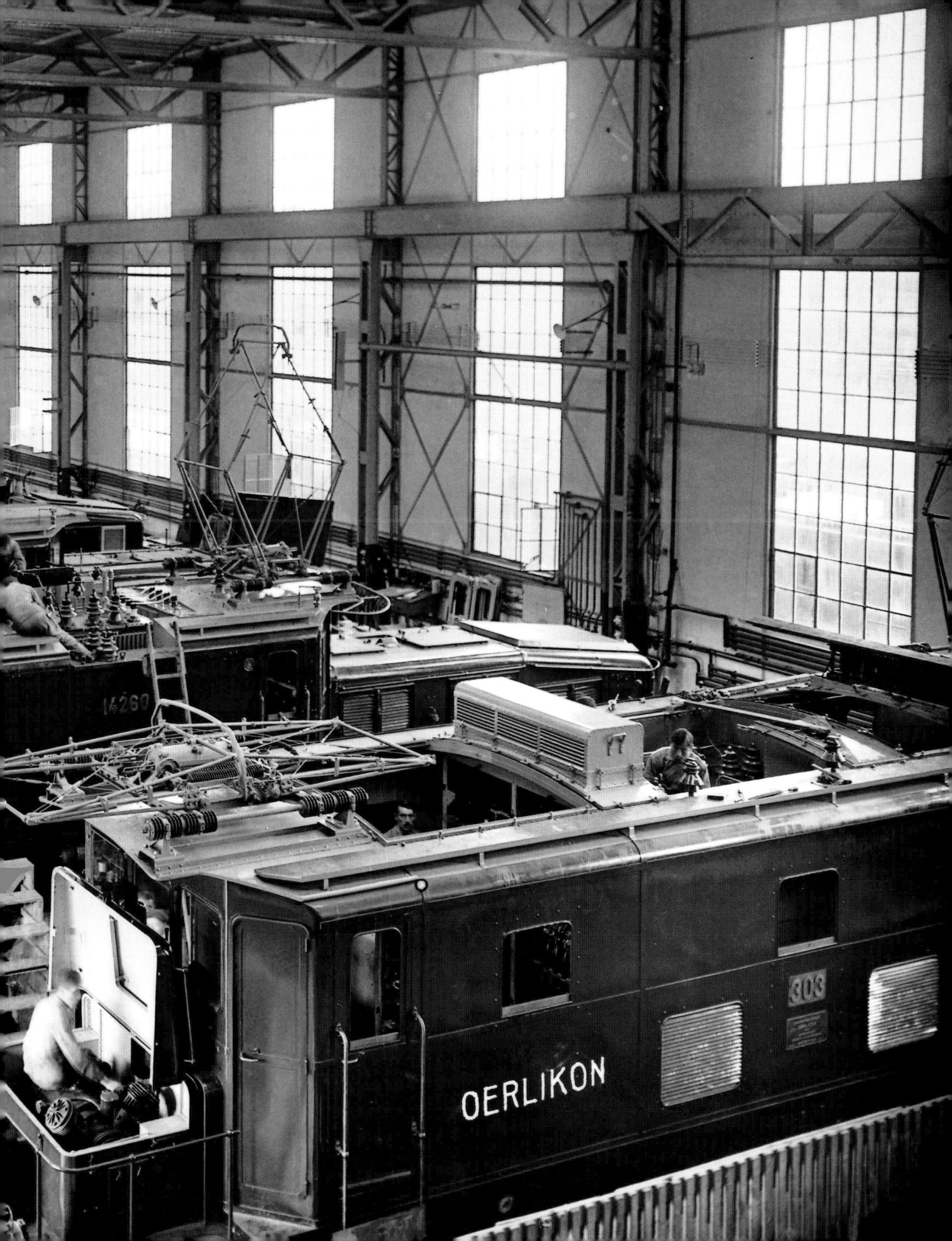

Die fortschreitende Elektrifizierung erforderte immer stärkere Triebfahrzeuge und auch grössere Stückzahlen. Abgeleitet von der BBC-Lok Ae 3/6 I (siehe Seite 30/31) bauten alle namhaften Lokbaufirmen der Schweiz 127 Ae 4/7, die fortan bis weit in die Fünfzigerjahre das Rückgrat des SBB-Lokomotivparks bildeten. Sie kamen in allen Zugkategorien zum Einsatz. Dreissig Einheiten hatten sogar eine elektrische Bremse, um auch die steilen Gotthardrampen sowie die Südrampe des Simplon ohne Einschränkungen befahren zu können.

La progression de l'électrification exige des locomotives toujours plus puissantes et plus nombreuses. Dérivée de l'Ae 3/6 I de BBC (voir pages 30/31), l'Ae 4/7 est construite à 127 exemplaires par les différents fabricants spécialisés dans la traction électrique. Cette série constitue l'épine dorsale du parc CFF jusque vers la fin des années cinquante; elle est utilisée pour toutes les catégories de trains. Trente unités sont équipées du frein électrique, de manière à pouvoir circuler sans restriction sur les déclivités du Saint-Gothard et sur la rampe sud du Simplon.

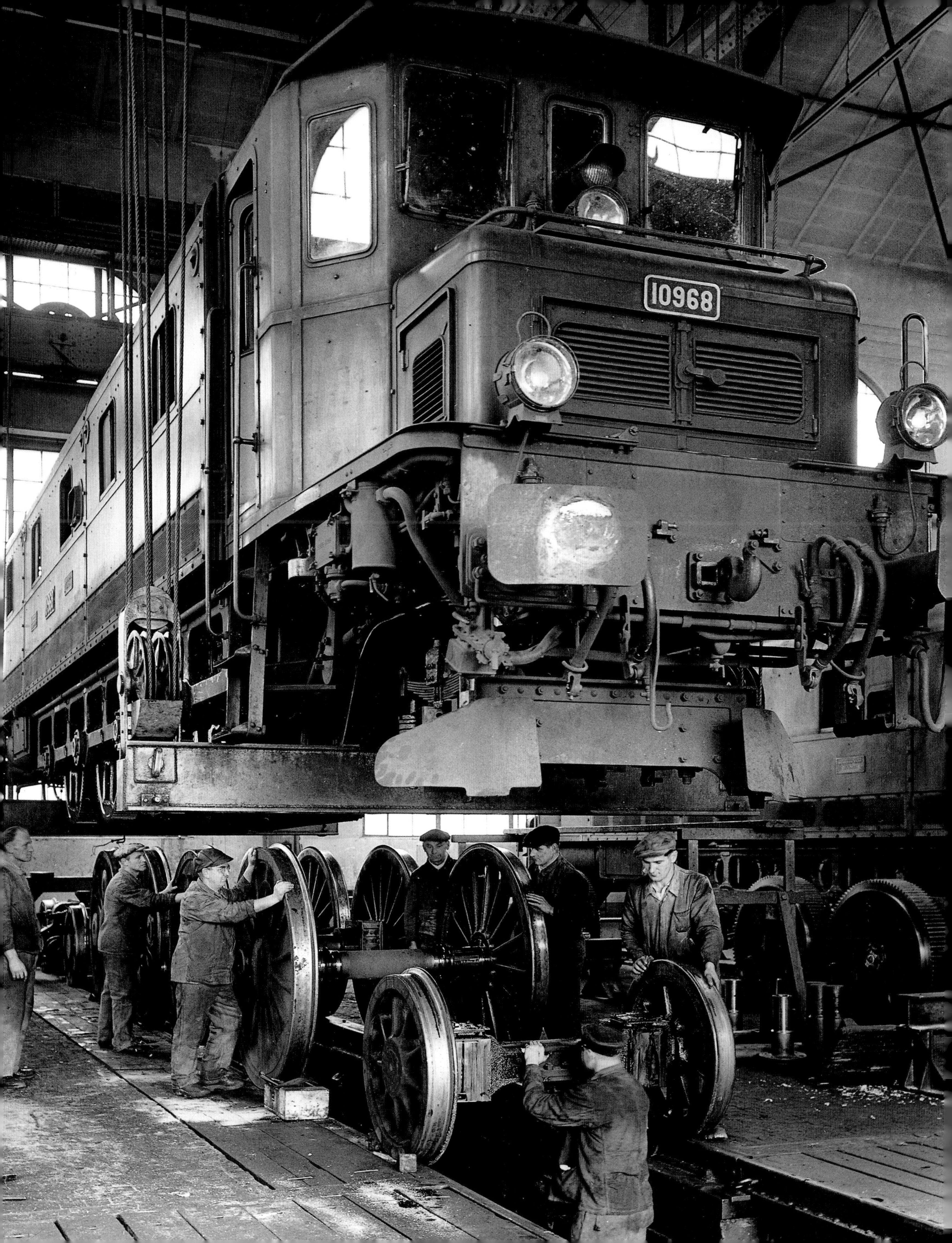
10968

Elektrische Lokomotiven benötigen zwangsläufig Stromproduktionsanlagen. Schon früh sicherten sich die SBB die Wassernutzungsrechte im Urner Reusstal und in der Leventina. Auf der Südseite ging 1919 das Hochdruckkraftwerk Ritom mit seinem idyllischen, auf 1850 Metern gelegenen Ritomsee ans Netz.

Les locomotives électriques imposent la réalisation d'installations de production de courant. Très tôt, les CFF se procurent les droits pour l'utilisation de la force hydraulique dans la vallée uranaise d'Urseren et dans la Léventine. Du côté méridional, l'usine à haute pression de Ritom, alimentée depuis le lac idyllique situé à 1850 m d'altitude, est raccordée au réseau en 1919.

Auch im Wallis war reichlich Wasserkraft vorhanden. Zur Sicherstellung der Energieversorgung in der Westschweiz erstellten die SBB in den Zwanzigerjahren die beiden Hochdruckkraftwerke Châtelard (rechts) mit der Druckleitung vom Emosson-Stausee sowie das in der Rhoneebene gelegene Werk Vernayaz (folgende Doppelseite).

Au Valais également, la force hydraulique existe en abondance. Pour assurer l'alimentation en énergie dans la Suisse occidentale, les CFF réalisent les deux usines à haute pression de Châtelard (à droite), avec la conduite forcée en provenance du lac d'Emosson, et celle de Vernayaz (double page suivante).

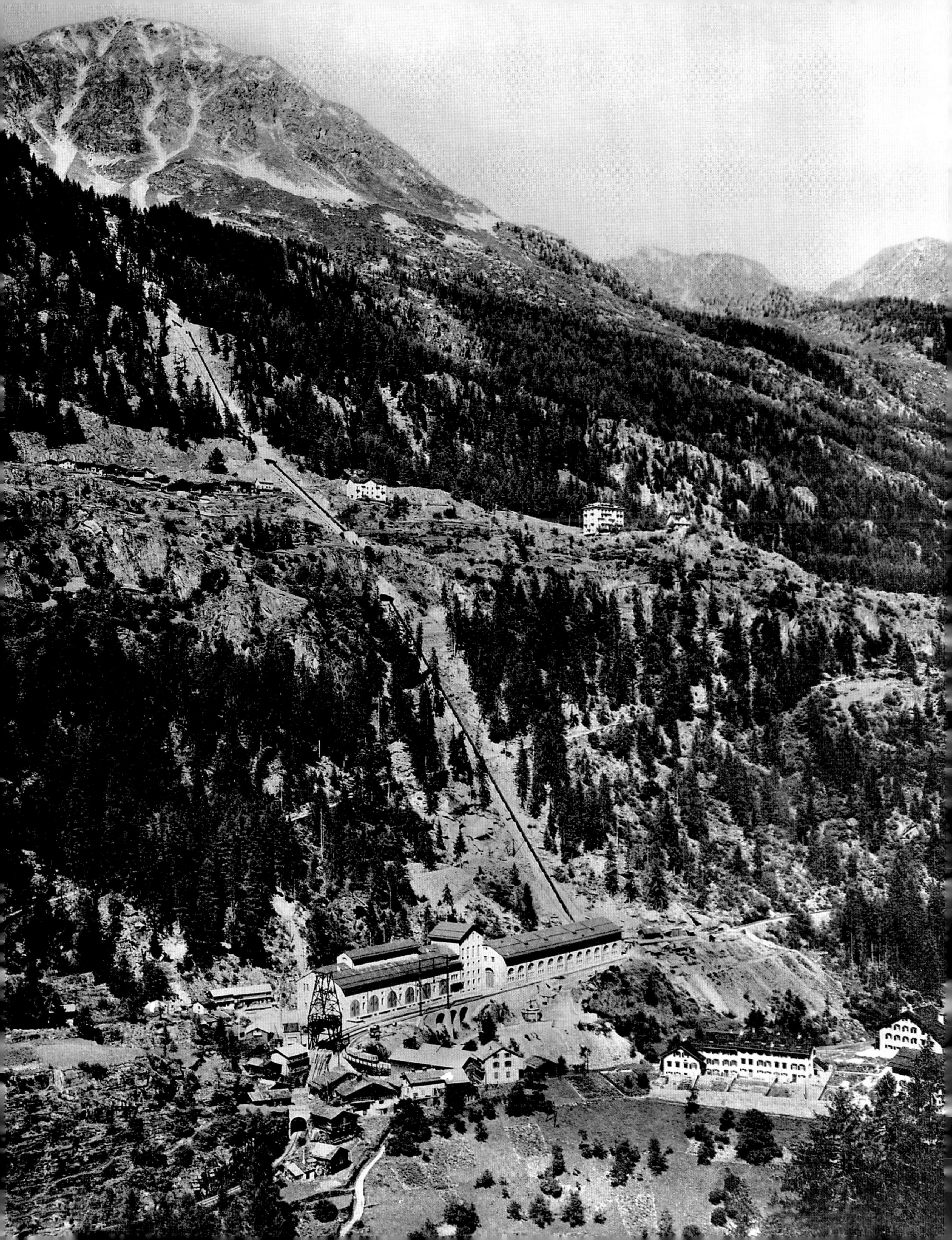

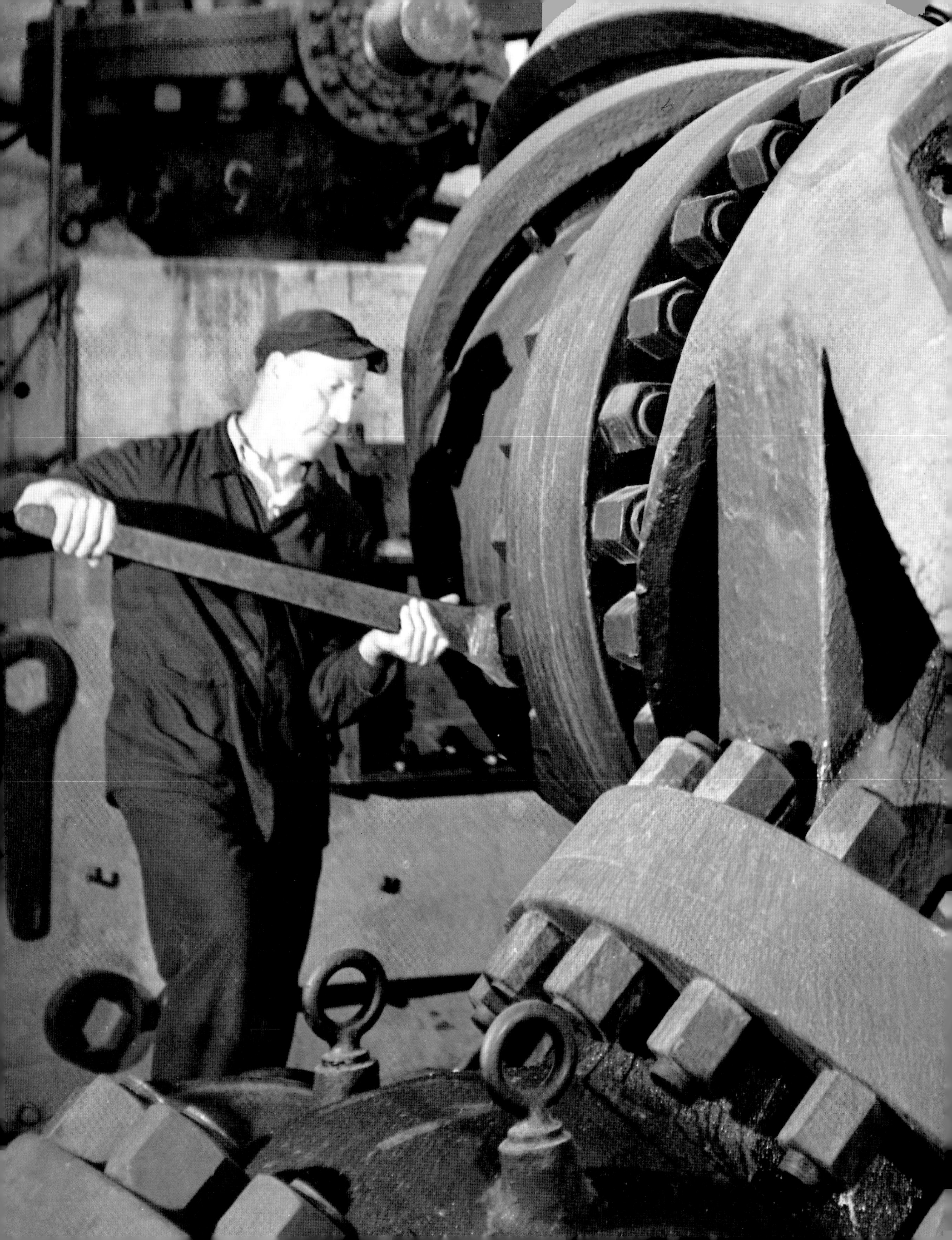

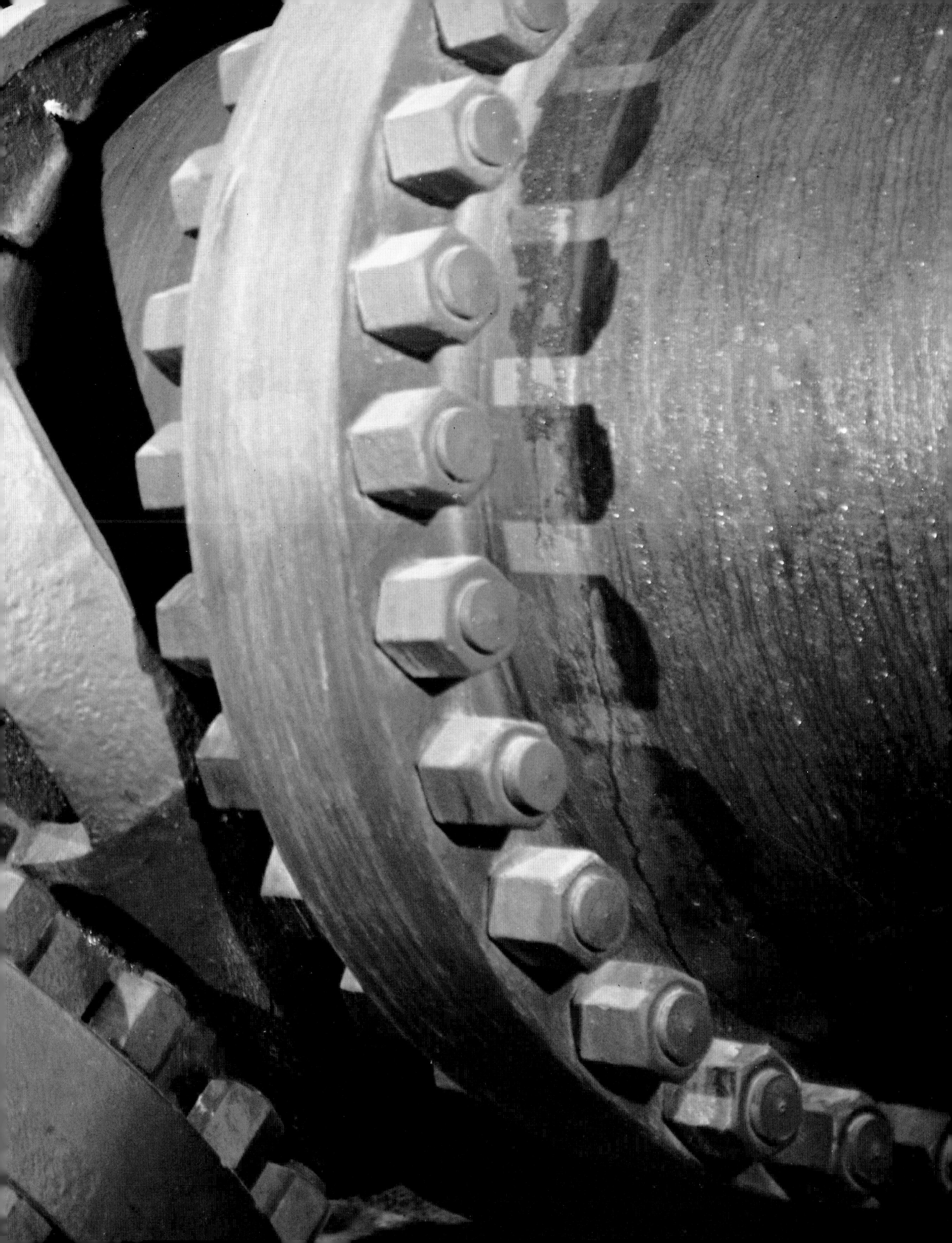

Turbinen-Generatorengruppe im Kraftwerk Vernayaz, geliefert 1923 von der Maschinenfabrik Oerlikon.

Usine électrique de Vernayaz: groupes turbines-génératrices livrés en 1923 par les Ateliers de construction d'Oerlikon.

Um den Bahnstrom in die verschiedenen Landesteile transportieren zu können, mussten die SBB auch eigene Hochspannungsleitungen zu den Unterwerken erstellen. Zum Anheben der Mastenteile wurde ein Flaschenzug verwendet.

Pour le transport du courant ferroviaire, les CFF établissent leur propre réseau d'alimentation depuis les usines vers les sous-stations réparties à travers tout le pays. Les éléments du mât sont élevés au moyen d'un moufle.

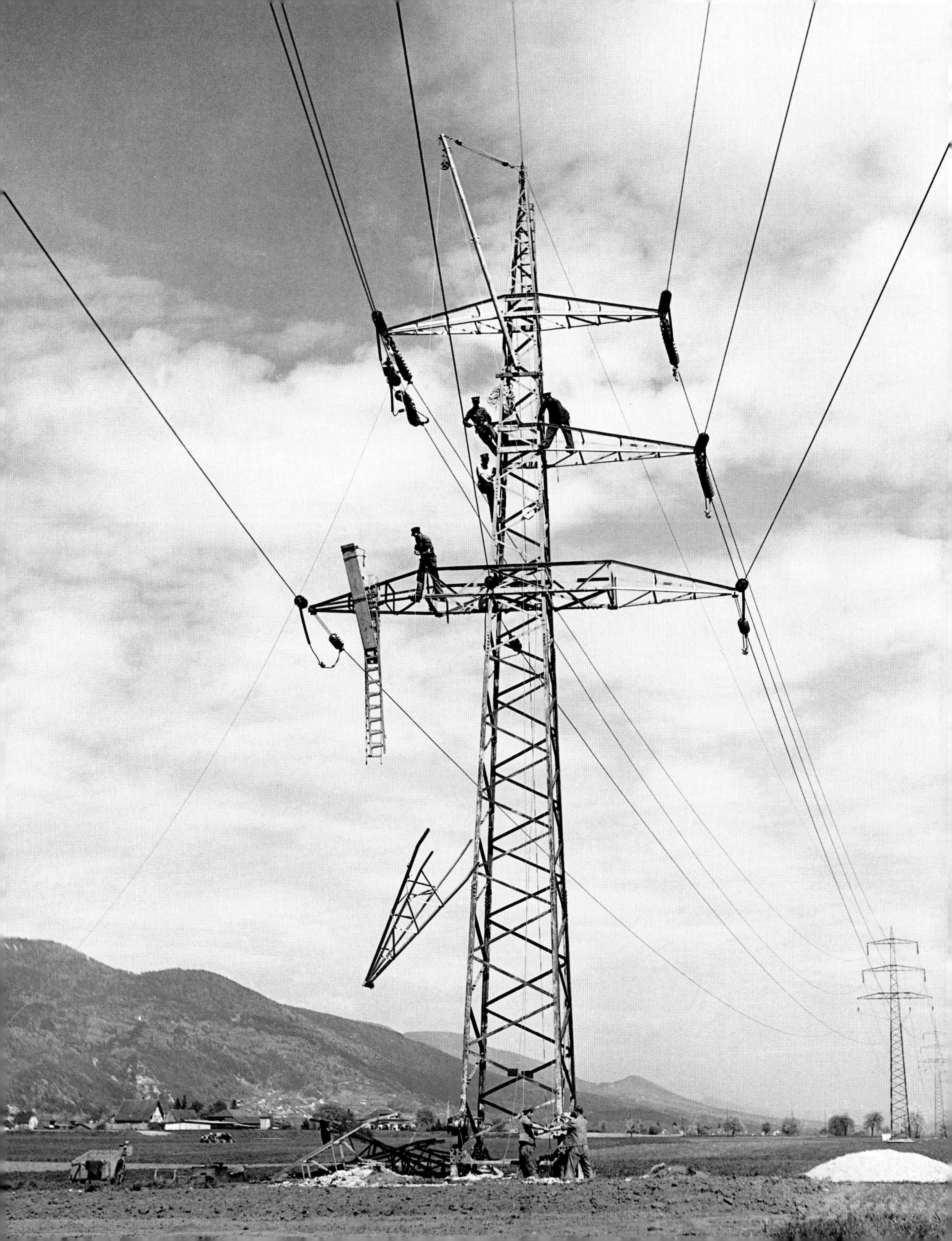

Das SBB-Netz wurde in drei Etappen elektrifiziert: ab 1920 die wichtigen Güter- und Schnellzugachsen, während der Wirtschaftskrise dank Arbeitsbeschaffungsprogrammen weitere steigungsreiche Linien. Im Zweiten Weltkrieg erschien die Abhängigkeit von der importierten Kohle auch für die übrig gebliebenen Strecken ein zu grosses Risiko, so dass die «weisse Kohle» 1960 auch auf den letzten Linien Einzug hielt. Elektrifizierungsarbeiten im Jahr 1943 an den Strecken Wil–Wattwil (oben) und Kerzers–Lyss (rechts).

Le réseau des CFF est électrifié en trois étapes: dès 1920 les principaux axes marchandises et de trains directs, puis, lors de la crise économique et grâce à des programmes de création de travail, d'autres lignes comportant des rampes. Durant la Seconde Guerre mondiale, la dépendance de charbon importé représente un risque trop important, si bien que la «houille blanche» s'impose sur l'ensemble du réseau dès 1960. Travaux d'électrification en 1943 sur les lignes Wil–Wattwil (en haut) et Kerzers (Chiètres)–Lyss (à droite).

Folgende Doppelseite: Bereits am 16. Mai 1927 konnten die Bundesbahnen den durchgehenden elektrischen Betrieb zwischen Genfersee und Bodensee mit einem Festzug feiern, der hier in Bern Station macht.

Double page suivante: le 16 mai 1927, la traction électrique s'étend du Léman au Bodan. L'événement justifie un train inaugural, ici en gare de Berne.

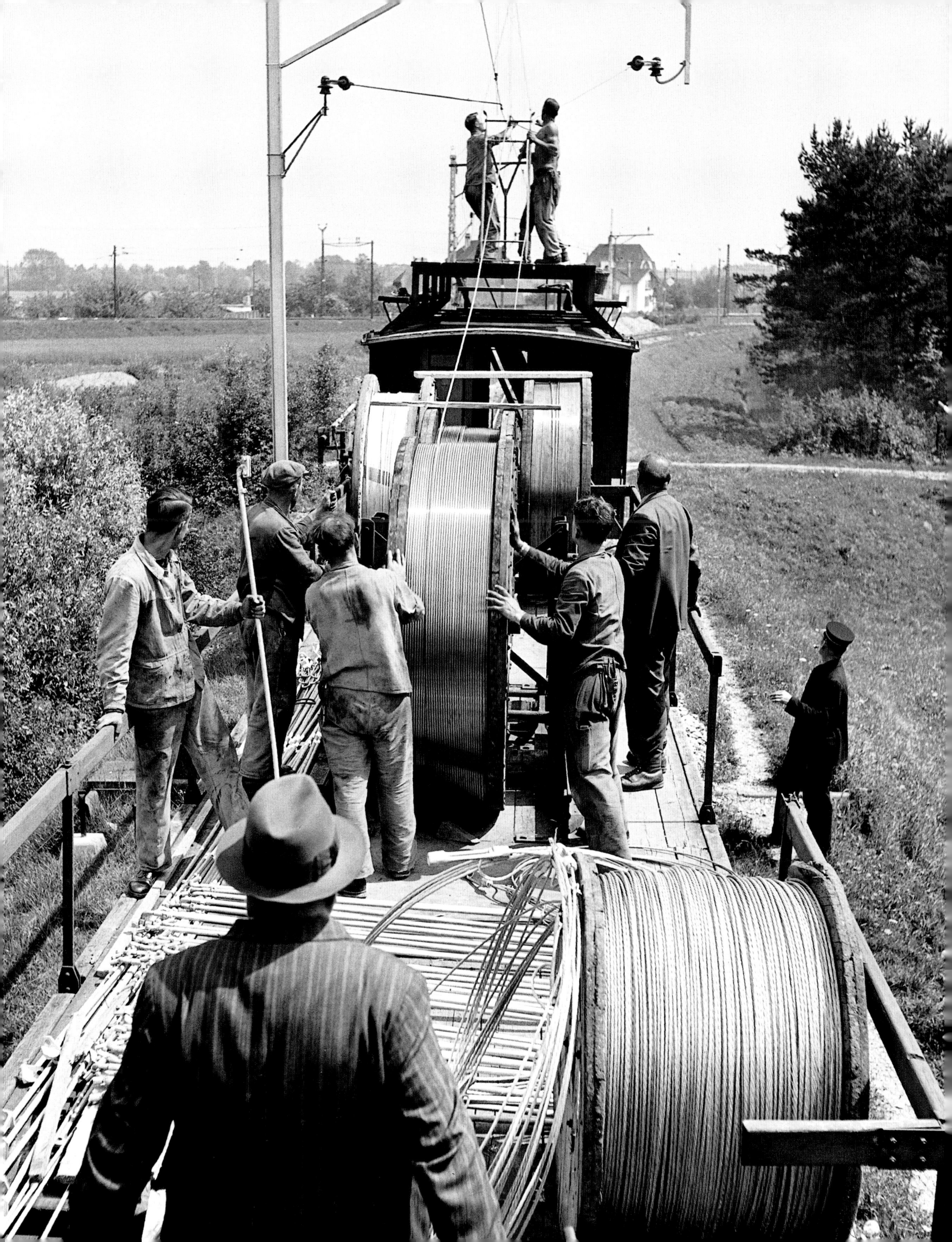

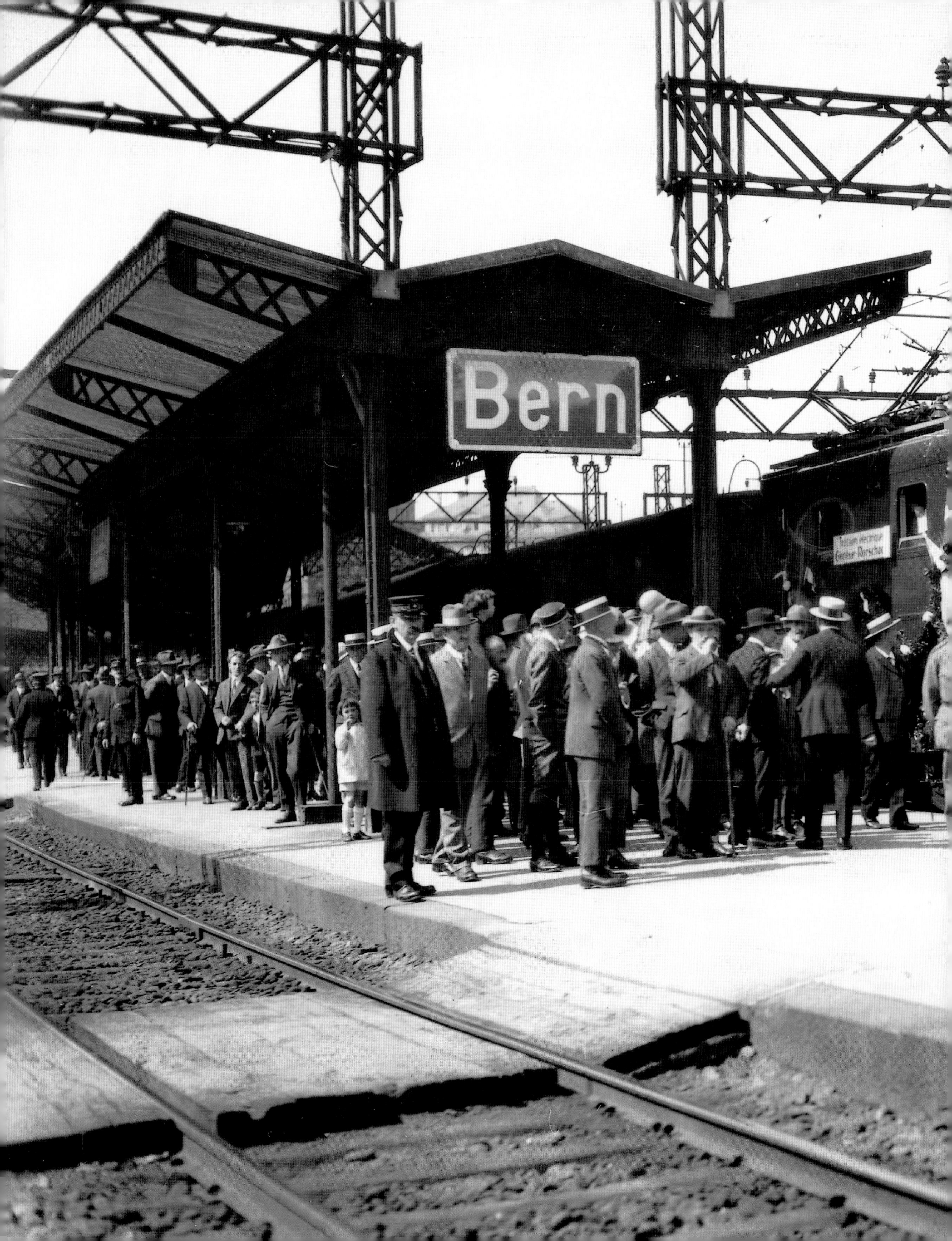
Bern

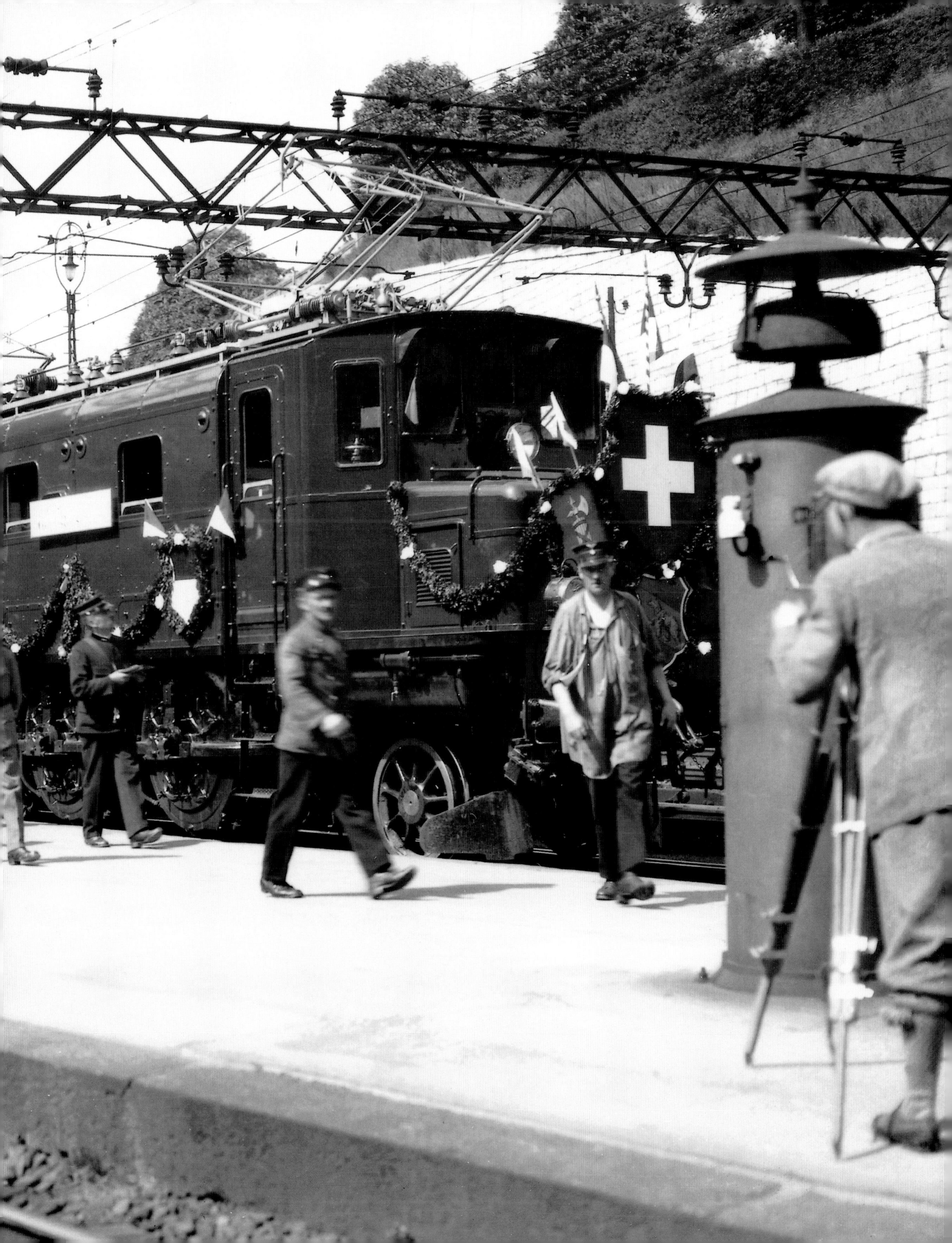

Als Alternative zum schwerfälligen und dadurch auf Nebenlinien unwirtschaftlichen Dampfbetrieb erwarben die SBB verschiedene Dieseltriebfahrzeuge. Der Gepäcktriebwagen Fm 2/4 Nr. 1691 verkehrte zwischen Winterthur und Singen (oben).

Sur des lignes secondaires, quelques engins à moteur diesel remplacent les trains à vapeur trop onéreux. Le fourgon automoteur Fm 2/4 n° 1691 circule entre Winterthour et Singen (en haut).

Aber auch der elektrische Betrieb mit Lokomotiven und Wagen war für wenig frequentierte Züge zu umständlich und teuer. Ab 1935 setzten die SBB die «Roten Pfeile» ein, welche die Betriebskosten merklich senkten (links unten).

En traction électrique également, l'exploitation au moyen de trains lourds avec locomotive et voitures est trop coûteuse. Dès 1935, les CFF mettent en service les «Flèches rouges» qui permettent un service plus économique.

Ein weiteres interessantes Exemplar war die Gasturbinenlok Am 4/6 Nr. 1101, die unter anderem auf der Rheinuferlinie von Basel über Koblenz nach Winterthur zum Einsatz kam. Hier rangiert sie im Bahnhof Stein-Säckingen.

Autre engin intéressant: la locomotive à turbine à gaz Am 4/6 n° 1101 circule notamment le long du Rhin, de Bâle à Koblenz et Winterthour. La voici en gare de Stein-Säckingen.

Die immer schwereren elektrischen Lokomotiven verlangten nach Verstärkung oder Umbau der alten Eisenbrücken. So auch in Wassen, wo im Jahr 1956 die Obere Wattingerbrücke durch ein Bauwerk aus Beton ersetzt wurde. Ein Güterzug mit einer Ae 4/7 und je einer Ce 6/8 III und Ce 6/8 II passiert die Baustelle (oben). In der nächsten Zugpause kam der Kranzug mit Dampftraktion angefahren (rechts). Links neben dem Zug ist die ausgebaute Eisenbrücke gut zu erkennen.

Plus puissantes et plus lourdes, les locomotives électriques exigent le renforcement ou la transformation des anciens ponts métalliques. Ainsi, à Wassen en 1956, le pont supérieur de Wattingen est remplacé par un ouvrage en béton. Un train de marchandises avec Ae 4/7, Ce 6/8 III et Ce 6/8 II franchit le chantier (en haut). Durant le prochain intervalle suffisant entre deux trains, le wagon-grue entre en scène avec une locomotive à vapeur (à droite); l'ancien pont métallique est visible à gauche, à côté du train.

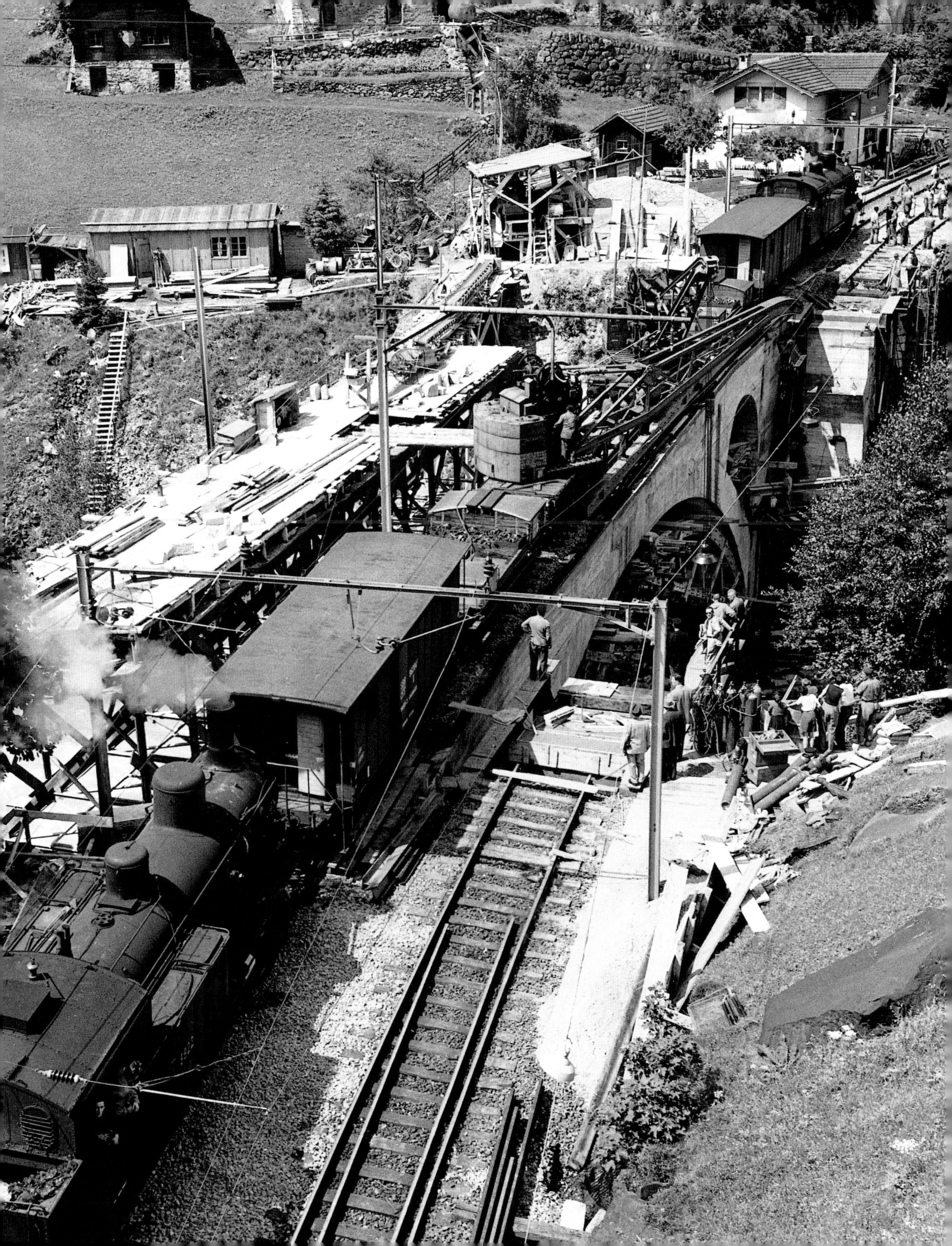

Das grösste Kunstbauwerk der SBB ist zweifellos die vierspurige Lorrainebrücke mit dem anschliessenden Lehnenviadukt vor den Toren der Stadt Bern. Die Bauarbeiten begannen 1937 mit der Konstruktion des wuchtigen Mittelbogens über der Aare (rechts). Gleichzeitig wurde auch die Linienführung vom Bahnhof Bern Richtung Biel, Olten und Thun völlig neu gestaltet.

Die nur zweigleisige «Rote Brücke» (oben) hatte ausgedient und wurde abgebrochen. Zuvor wurden jedoch zwanzig Dampfloks aufgeboten, um die Tragfähigkeit der neuen Brücke zu beweisen (unten und folgende Doppelseite).

Le plus grand ouvrage d'art des CFF est incontestablement le pont à quatre voies de la Lorraine, situé à proximité de la gare de Berne. Les travaux débutent en 1937 avec la construction de l'impressionnante arche centrale au-dessus de l'Aar (à droite). A cette occasion, le tracé des voies en direction de Bienne, Olten et Thoune est modifié. L'ancien «Pont rouge» (en haut) est alors démoli. Mais précédemment, vingt locomotives à vapeur sont réunies pour les essais de charge du nouveau pont (en bas et double page suivante).

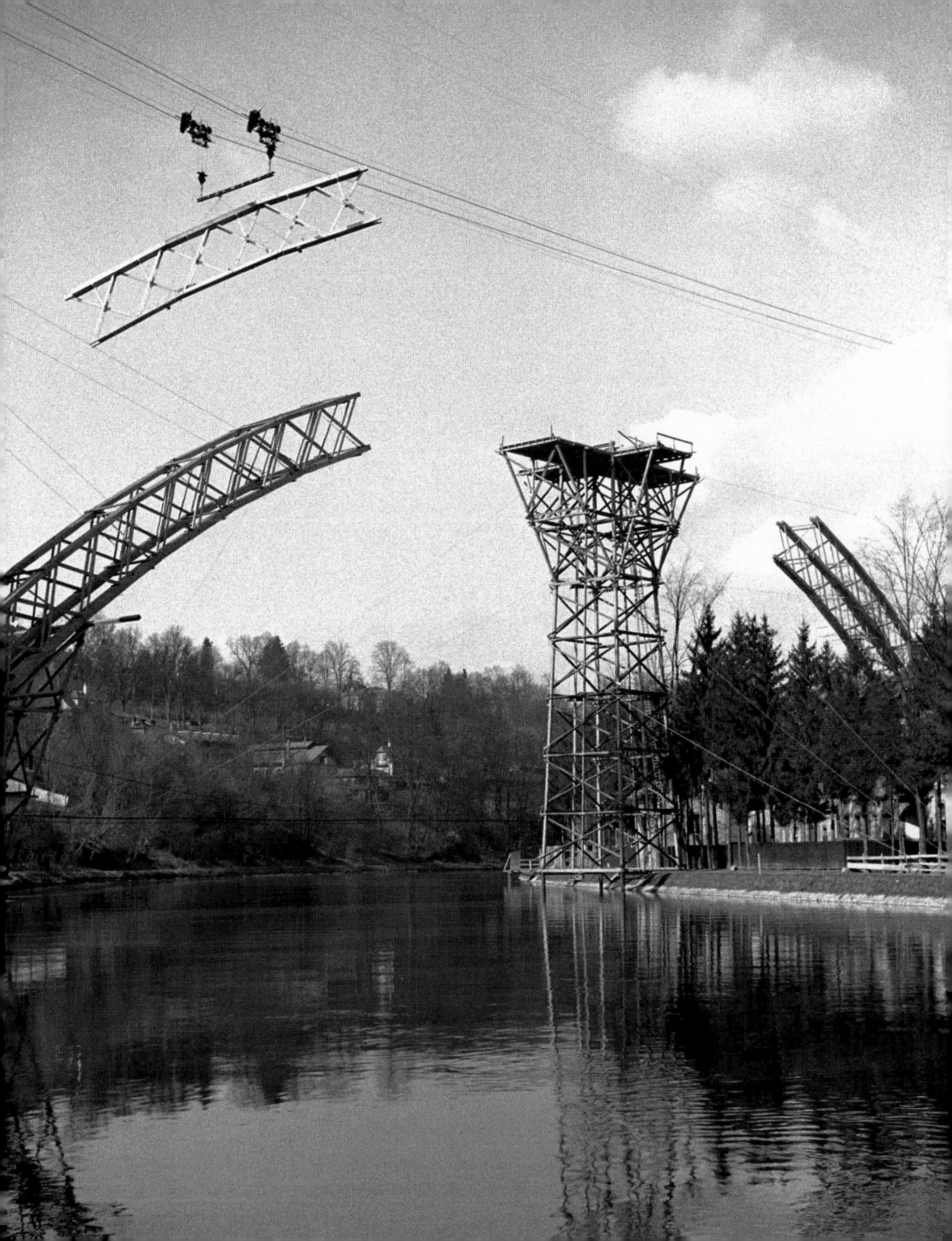

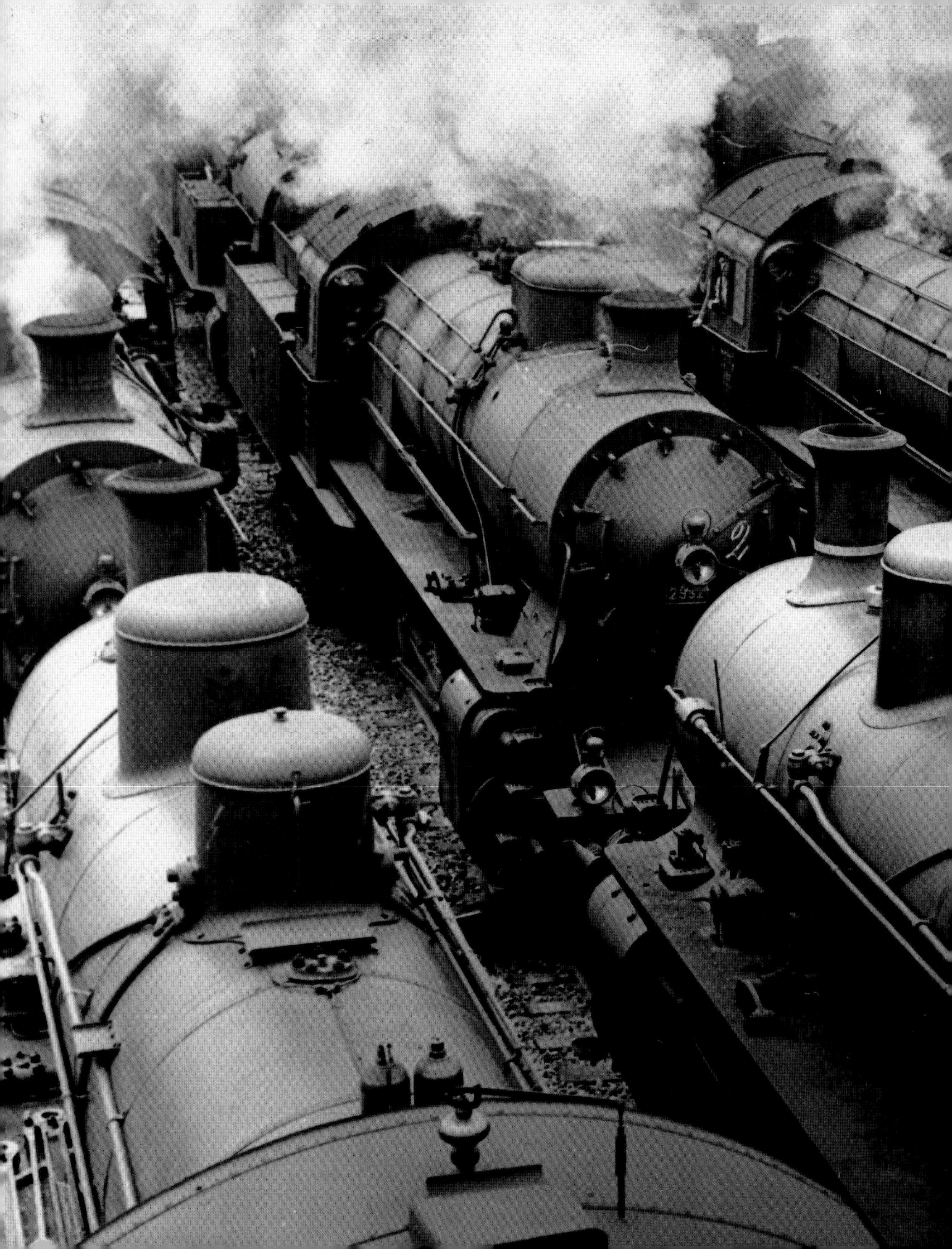

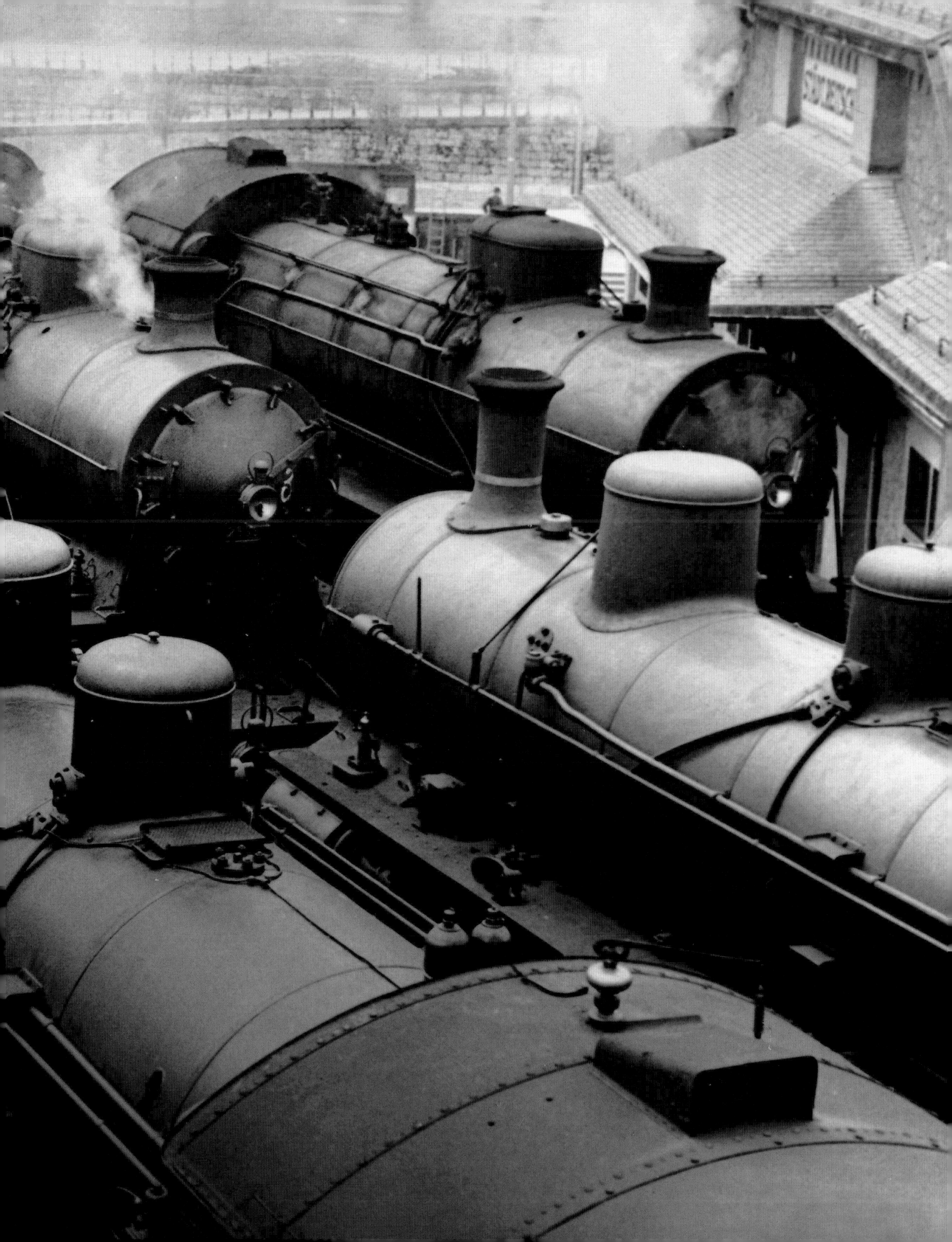

Auch weniger befahrene Eisenbrücken an Nebenlinien waren nach rund siebzig Betriebsjahren am Ende ihrer Lebensdauer angelangt. Hier ist der Umbau der Guggenlochbrücke bei Lütisburg an der Linie Wil–Wattwil dokumentiert. Am 7. Mai 1945 passiert eine Be 4/4 «Sécheron» der Bodensee-Toggenburg-Bahn mit einem Stückgüterzug die Neukonstruktion auf Hilfsbrücken (rechts).

Sur des lignes secondaires également, des ponts métalliques arrivent au terme de leur existence après quelque septante ans de bons et loyaux services. C'est notamment le cas du pont de Guggenloch, près de Lütisburg, sur la ligne Wil–Wattwil. Le 7 mai 1945, un train de marchandises de détail, remorqué par une Be 4/4 Sécheron du Bodensee-Toggenburg-Bahn, franchit l'ouvrage en construction sur des ponts provisoires (à droite).

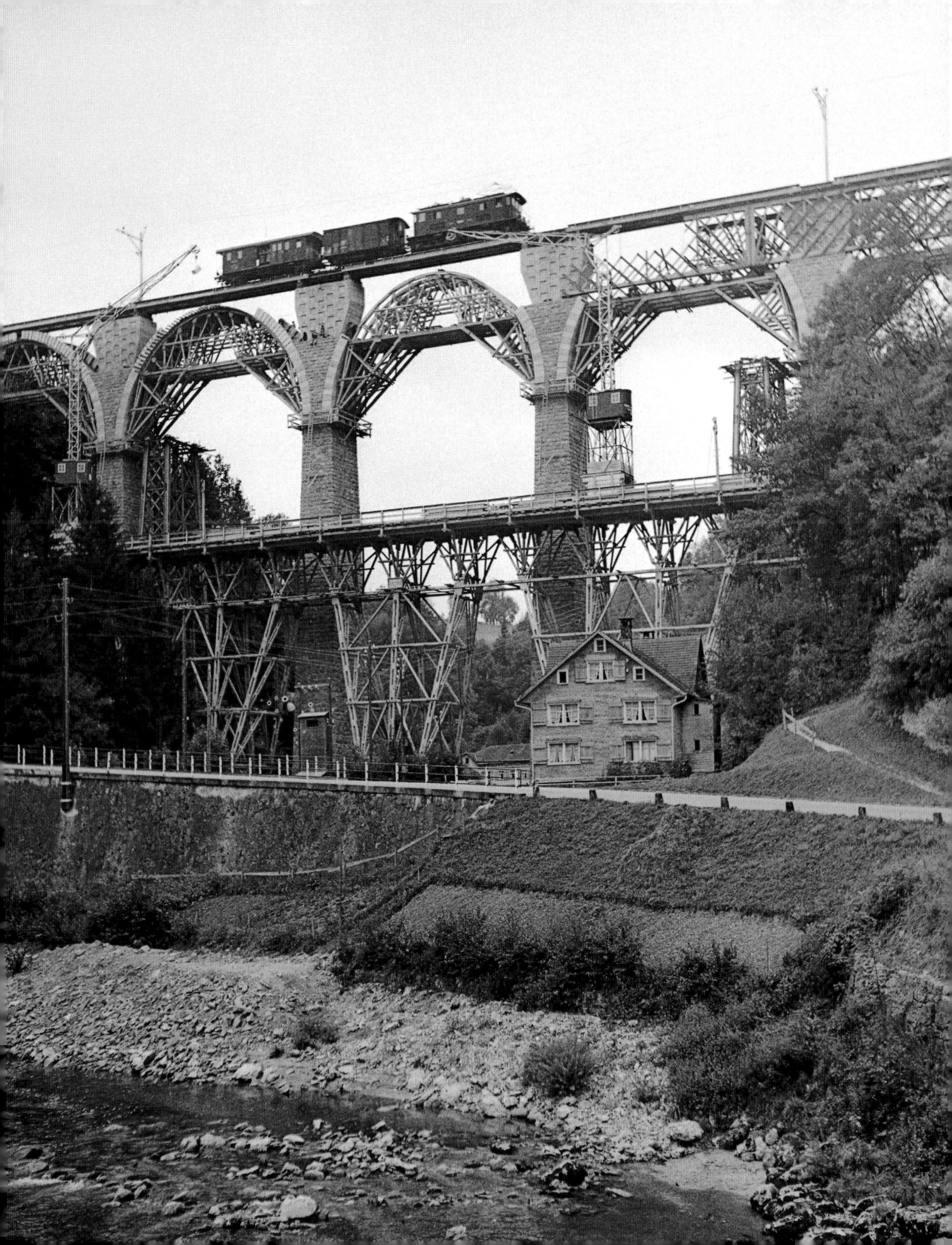

Bahndienstwärter ist seit jeher ein absoluter Vertrauensposten. Bahnarbeiter müssen sich unbedingt auf ihren Kollegen verlassen können, um effizient ihre Arbeit erledigen zu können. Bis heute hat sich das typische Signalhorn zur Warnung vor nahenden Zügen bewährt.

Protecteur de travaux est un poste de confiance. Les ouvriers de la voie doivent absolument pouvoir compter sur lui pour pouvoir se concentrer sur leur travail. La corne d'appel pour annoncer l'approche d'un train est toujours efficace.

Nachdem die Elektrifizierung mehrheitlich abgeschlossen war, investierten die SBB vor allem in den Ausbau der Hauptlinien auf Doppelspur. Zwischen 1941 und 1955 wurde die Strecke Pfäffikon (SZ)–Ziegelbrücke schrittweise mit dem zweiten Gleis ergänzt, wie hier bei Lachen am 6. April 1955.

Une fois que l'électrification est pratiquement achevée, les CFF investissent essentiellement dans la mise à double voie des lignes principales. De 1941 à 1955, c'est le cas du tronçon Pfäffikon (SZ)–Ziegelbrücke; travaux à Lachen le 6 avril 1955.

Folgende Doppelseite: Für den Unterhalt – Krampen und Richten der Gleise – war vor allem Muskelkraft gefragt.

Double page suivante: Pour l'entretien de la voie, bourrage et réglage notamment, la force musculaire est mise à contribution.

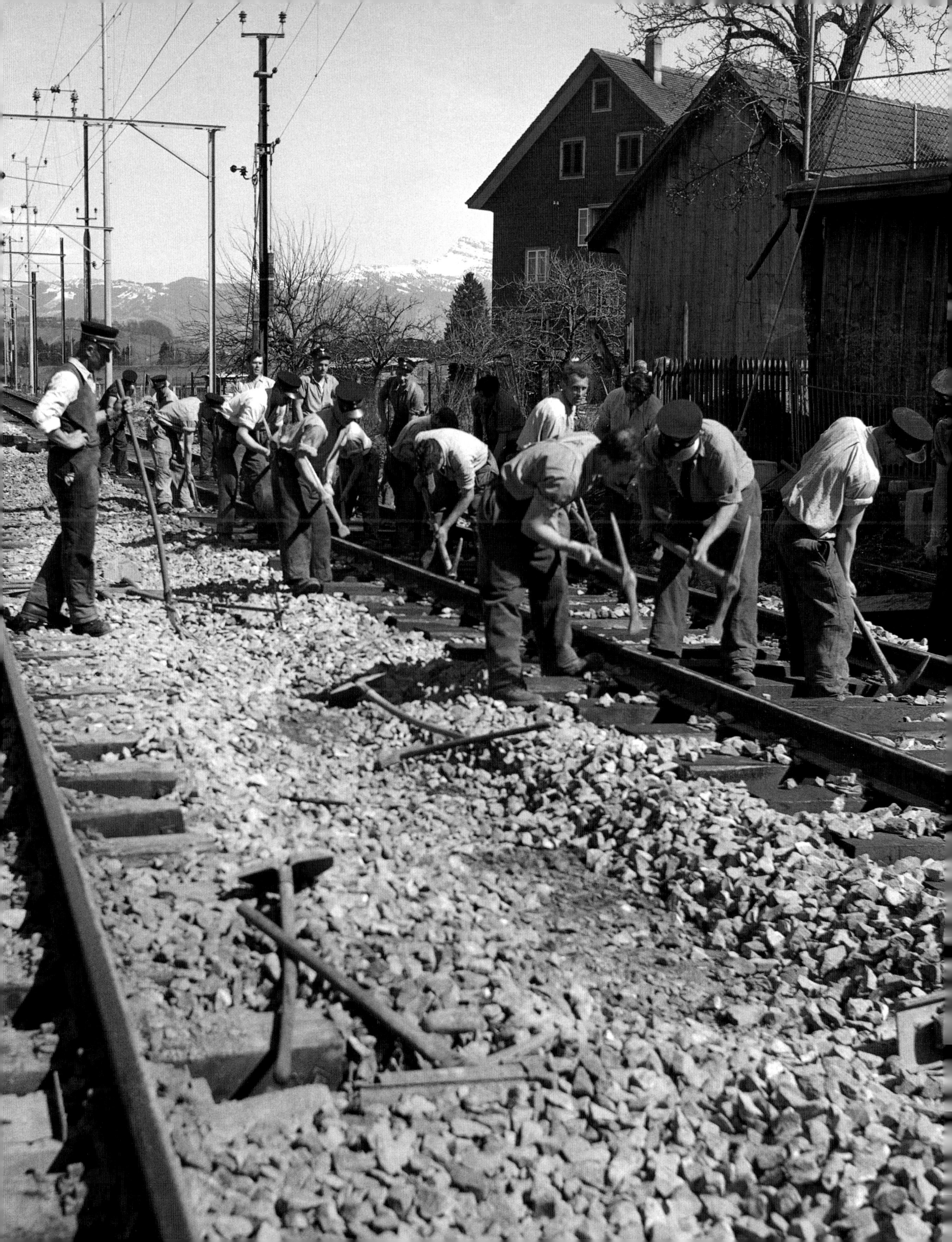

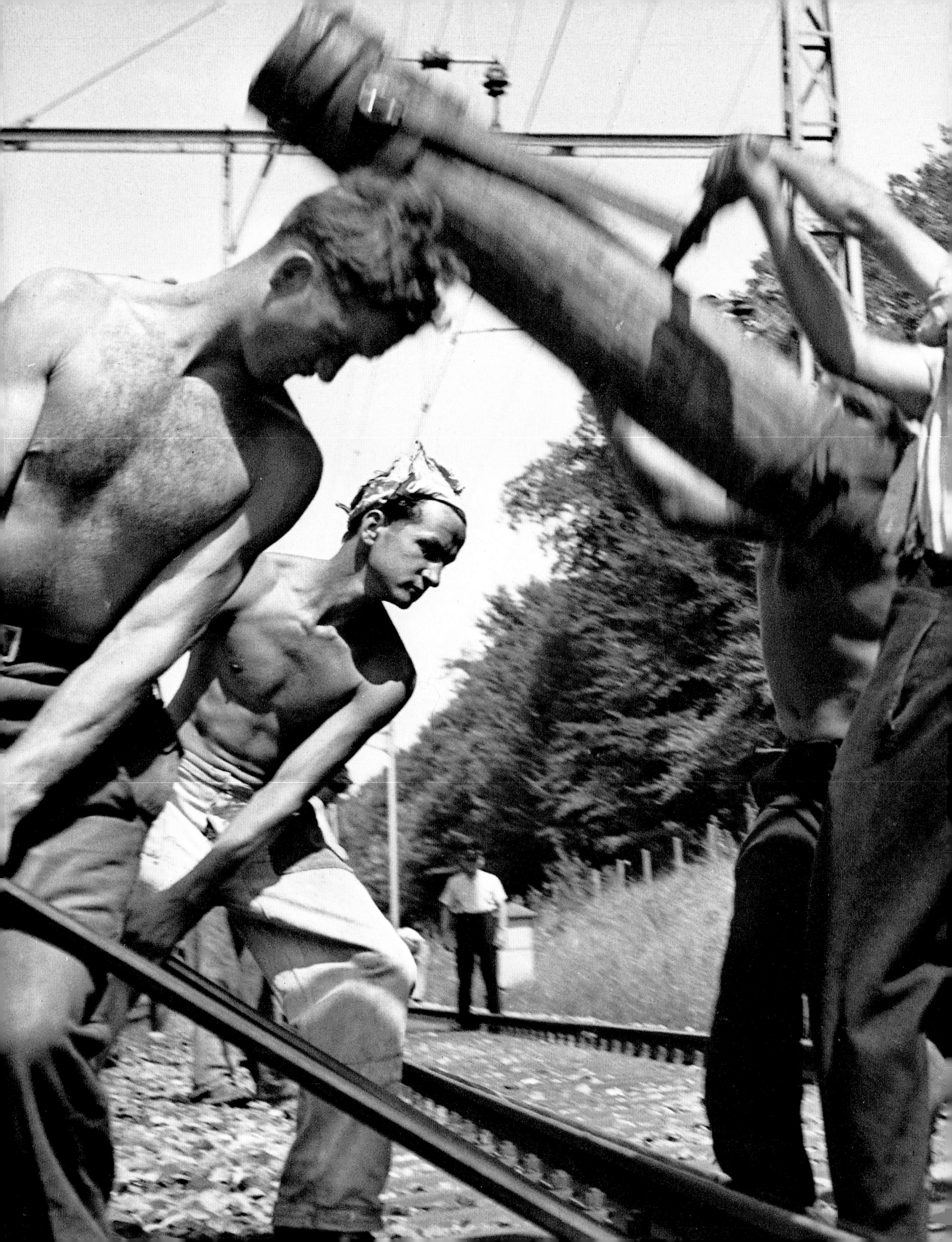

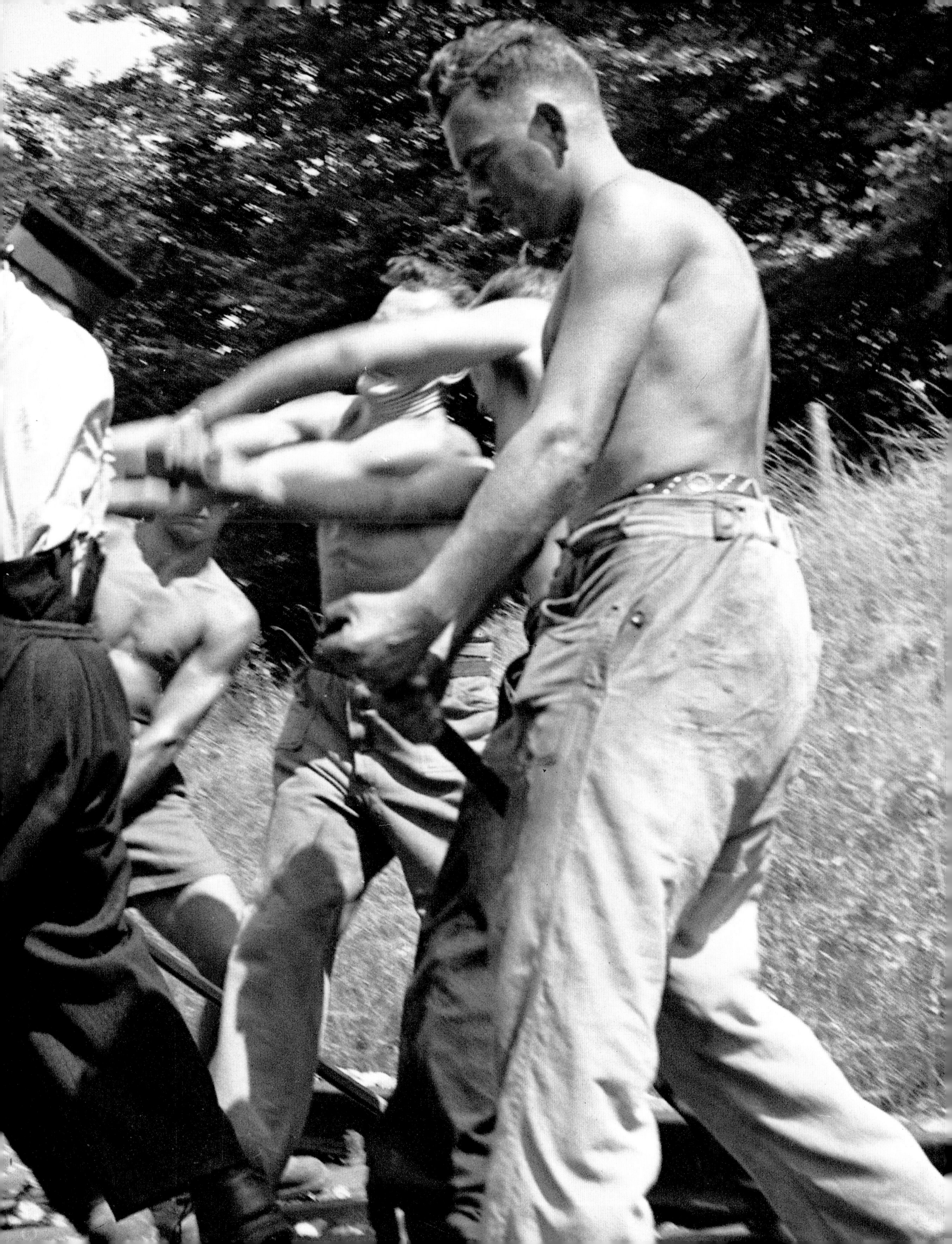

Die platzsparenden Schiebebühnen waren früher in grösseren Bahnhöfen öfter anzutreffen. Heute findet man sie noch in den Hallen von Depots und Werkstätten. In Winterthur (oben) und in Lausanne-Flon wurde sie mit einer Art Lokomotive, die quer zu den eigentlichen Gleisen fuhr, elektrisch ab Fahrleitung betrieben.

Exigeant peu de place, les ponts transbordeurs équipent de nombreuses gares avant l'électrification. Aujourd'hui, il s'en trouve encore dans les halles de dépôts et d'ateliers. A Winterthour (ci-dessus) et à Lausanne-Flon, le pont transbordeur était une sorte de locomotive électrique qui circulait perpendiculairement aux voies.

Um die Personenwagen in der Bahnhofshalle von Zürich vorheizen zu können, bauten die SBB eine spezielle Konstruktion, die hauptsächlich aus zwei Transformatoren auf einem Flachwagen bestand. Diese waren an die Fahrleitung angeschlossen; an ihre diversen Abgänge konnte die Heizleitung der Wagen gesteckt werden (Aufnahme aus dem Jahr 1928).

Pour le préchauffage des voitures en gare de Zurich, les CFF réalisent un petit wagon plat équipé de deux transformateurs. Ces derniers sont branchés à la ligne de contact pour alimenter la conduite de chauffage des trains en l'absence de locomotive. La photo date de 1928.

In der Mitte des Simplontunnels besteht eine Spurwechsel- und Signalstation, die vor der Automatisierung permanent besetzt war. Am 12. November 1954 stellt der Wärter am mechanischen Stellwerk mittels Kurbeln und Seilzügen die Durchfahrt eines Zuges.

Au milieu du tunnel du Simplon se trouve une station de signaux avec branchements permettant de passer d'une voie à l'autre. Avant d'être commandée à distance, cette station était équipée d'un appareil d'enclenchement mécanique et occupée par du personnel. Photo du 12 novembre 1954.

Das Reiterstellwerk über dem Gleisfeld des Vorbahnhofs Zürich war auf elektromechanischer Basis aufgebaut. Von hier aus konnten die Befehle zum Stellen der Weichen an die Aussenposten übermittelt werden. Nach Überprüfung der Stellung konnten die Stellwerkbeamten die Signale auf «Fahrt» stellen.

Le poste d'enclenchement situé à cheval au-dessus des voies de l'avant-gare de Zurich était du type électro-mécanique. De là, les ordres pour la commande des aiguillages étaient transmis aux postes extérieurs. Après vérification de la bonne position, les aiguilleurs pouvaient mettre les signaux à voie libre.

Folgende Doppelseite: Ein Pendelzug mit einem Fe-4/4-Triebwagen und eigens für den immer stärkeren Vorortverkehr umgebauten Wagentyp fährt um 1950 in Zürich ein.

Double page suivante: Un train réversible, avec fourgon automoteur Fe 4/4 et voitures spécialement aménagées pour un trafic de banlieue en pleine expansion, entre en gare de Zurich vers 1950.

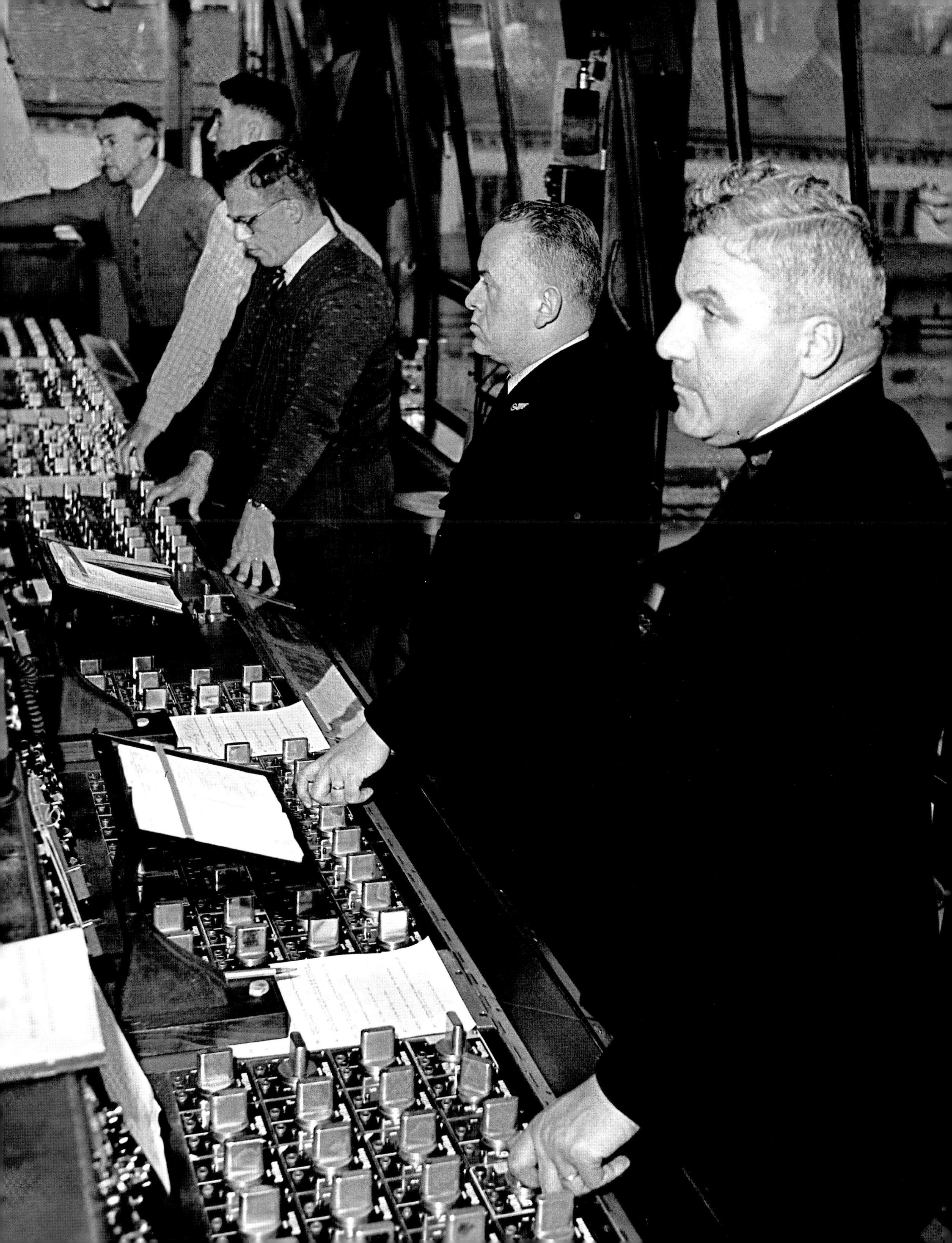

Nach Wiedikon   Von Wiedikon   Nach Altstetten   Von Altstetten   Nach Oerlikon   Von Oerlikon

ZÜRCHER BROCKENHAUS

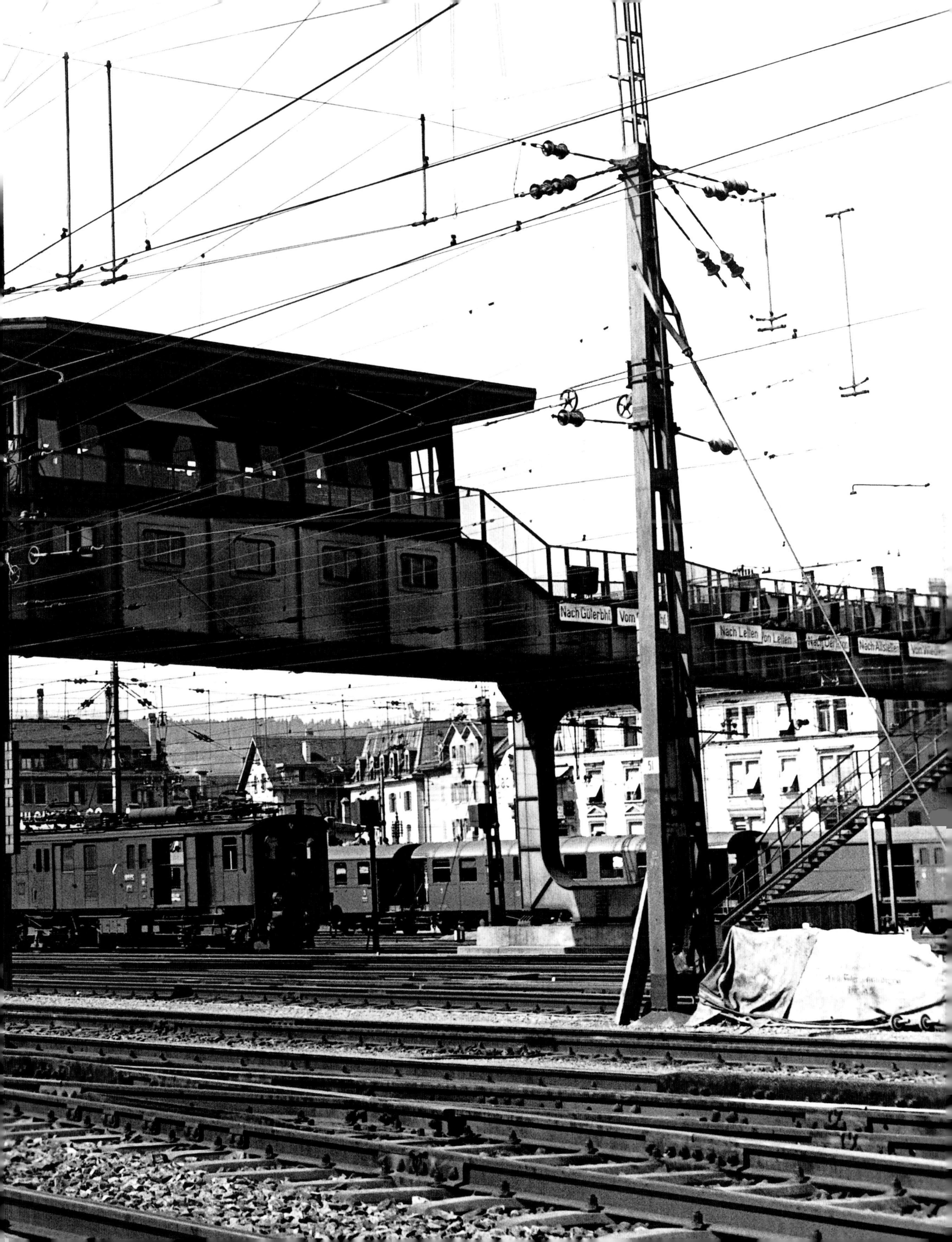
Nach Güterbhf
Nach Letten
Von Letten

Impressionen aus den Stellwerken in Zollikofen und Renens. Letzteres, ein Vertreter des Typs Bruchsal J, war von 1910 bis 1978 in Betrieb.

Anciens postes d'enclenchement de Zollikofen et de Renens. Ce dernier, du type Bruchsal J, était en service de 1910 à 1978.

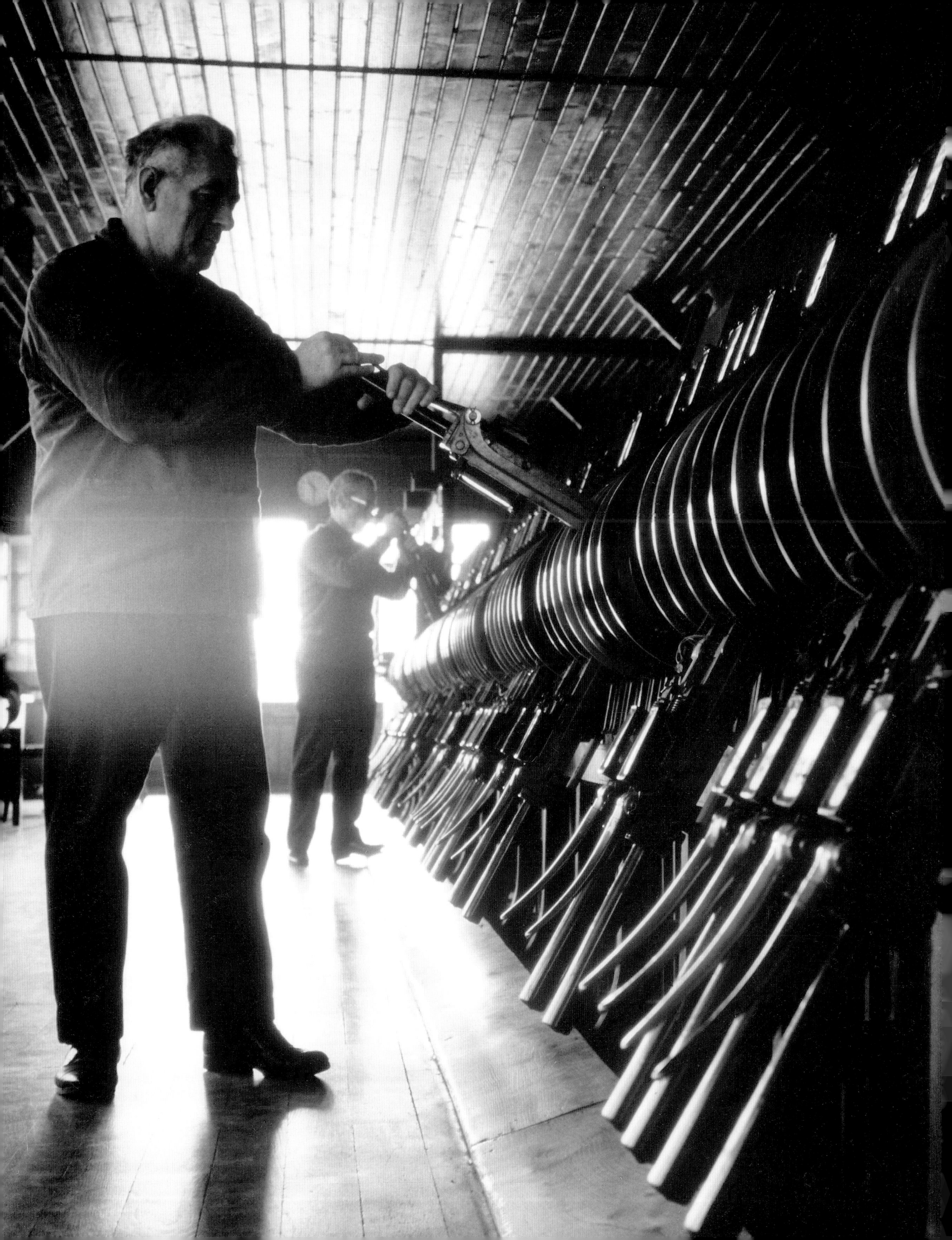

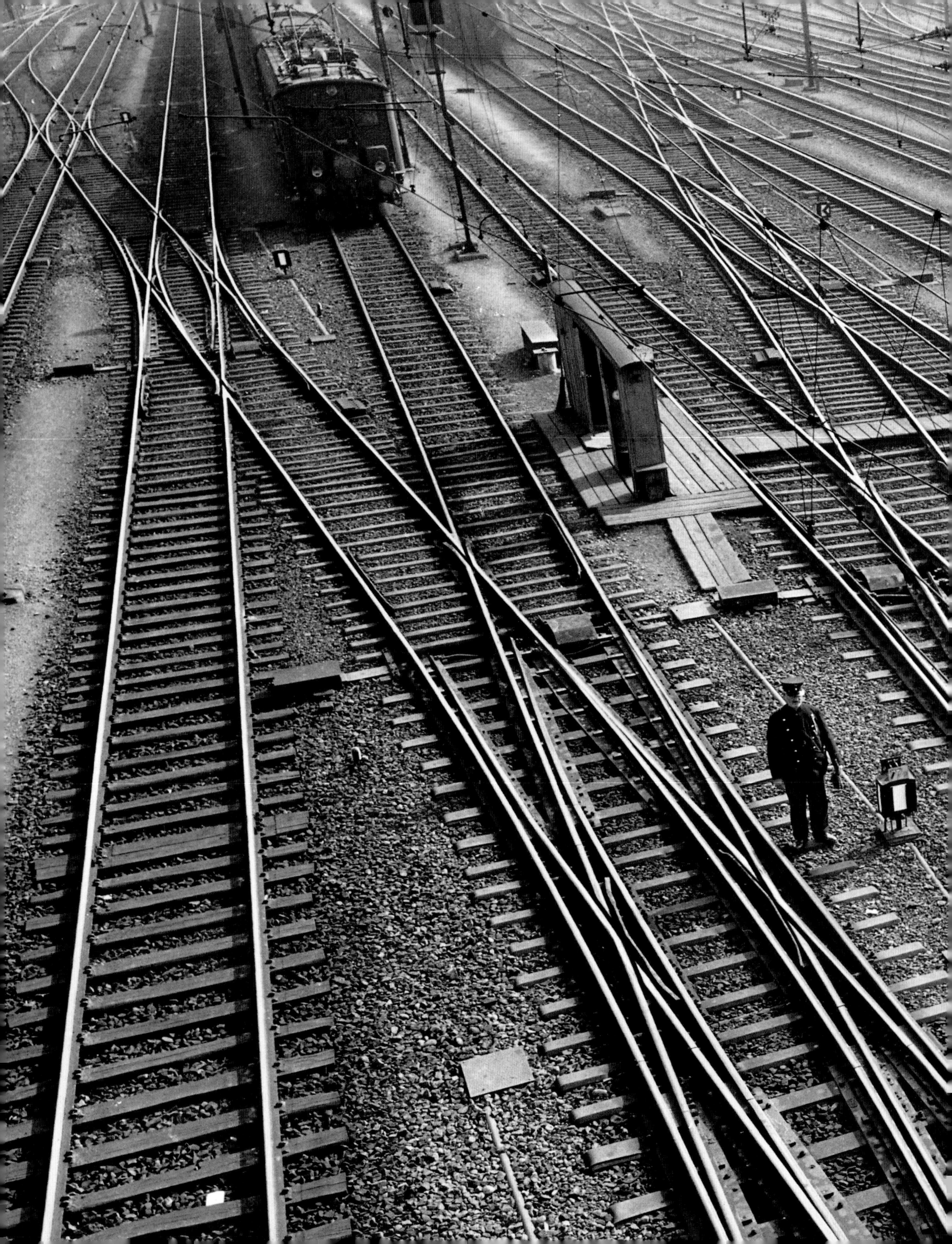

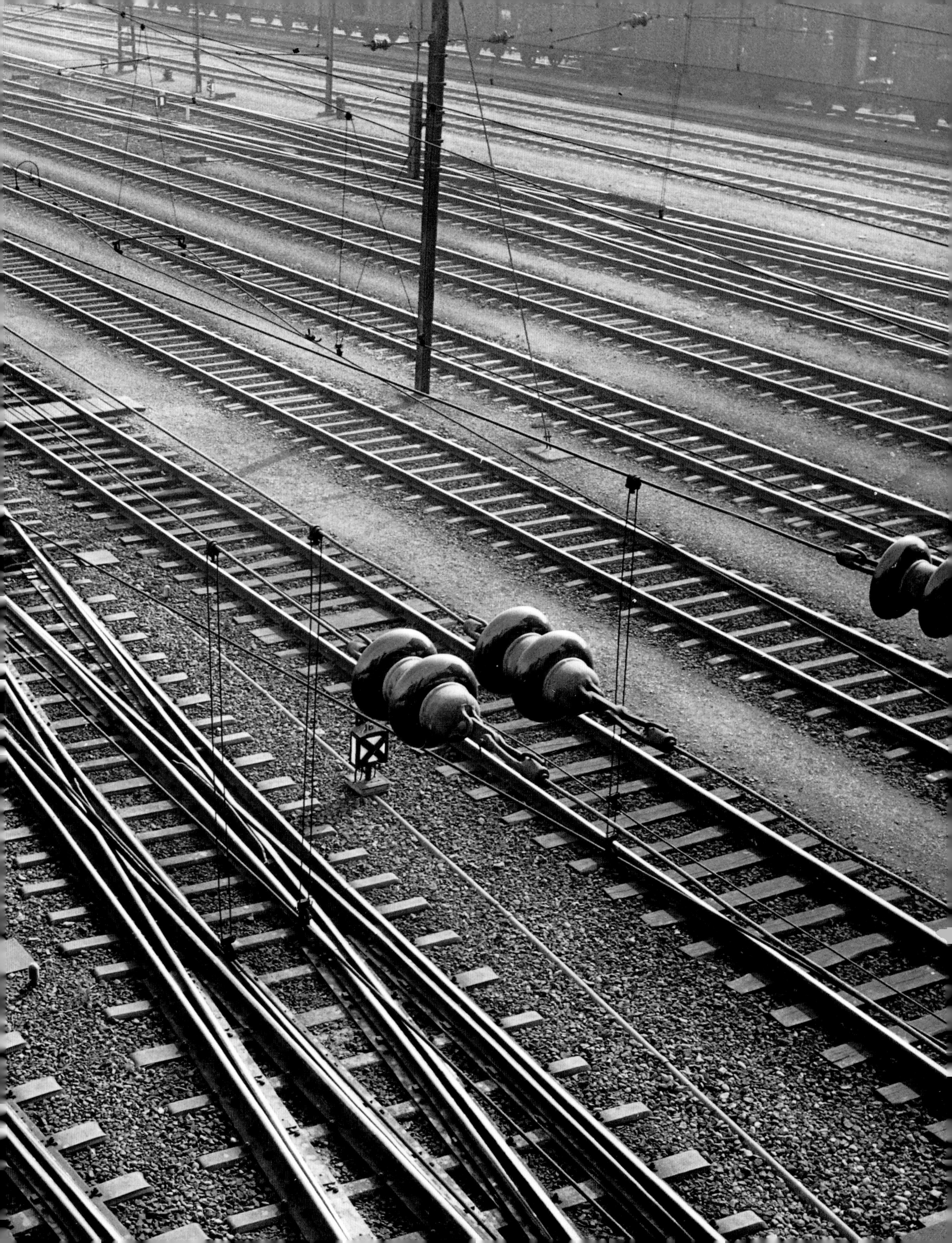

Vorangehende Doppelseite: Blick vom Reiterstellwerk Zürich auf das Weichengewirr des Vorbahnhofs. Soeben fährt ein Zug aus dem Bahnhof, der von einem der bullig wirkenden Triebwagen Ce 4/4 Nr. 721 oder 722 gezogen wird.

Double page précédente: Vue du poste d'enclenchement de Zurich sur les innombrables aiguillages de l'avant-gare. Un train sort de la gare, remorqué par l'une des automotrices prototypes Ce 4/4 n° 721 ou 722.

Die weitläufigen Rangieranlagen in Muttenz wurden bereits während und nach dem Zweiten Weltkrieg intensiv genutzt. Vorab wurden Kohletransportwagen über den Ablaufberg gestossen, um alle Landesteile mit dem begehrten Brennelement zu versorgen (oben). Dirigiert und überwacht wurde der Vorgang vom Stellwerkturm aus, wo der Wärter die Weichen in die verschiedenen Richtungsgleise stellte (links).

Les vastes installations du triage de Muttenz sont fortement utilisées durant et après la Seconde Guerre mondiale. De nombreux wagons de charbon sont alors poussés sur la bosse de débranchement pour ravitailler tout le pays qui manque de combustible (en haut). Le mouvement est commandé depuis le pavillon d'enclenchement où l'aiguilleur dirige les wagons vers les différentes voies de formation.

Jeder Güterwagen ist mit einer Etikette mit Angabe der Empfangsstation, der Warengattung und des Gewichts der Ladung versehen (oben).

Chaque wagon est muni d'une étiquette portant la gare de destination, la nature de la marchandise et son poids.

Wie vor 150 Jahren muss auch heute noch jeder Wagen einzeln gekuppelt und schliesslich auch wieder manuell aus dem Zugverband getrennt werden. Im Rangierbahnhof werden die Schrauben vor dem «Högerle» (Drücken des Wagens über den Ablaufberg) gelöst, dann kippt der Bähnler am Berg mittels einer Eisenstange die Kupplung vom Haken.

Comme il y a cent cinquante ans, chaque wagon doit être accouplé ou décroché manuellement. Dans la gare de triage, les attelages à vis sont détendus avant de passer la bosse, puis décrochés au sommet par un cheminot muni d'une barre de fer appuyée sur le tampon.

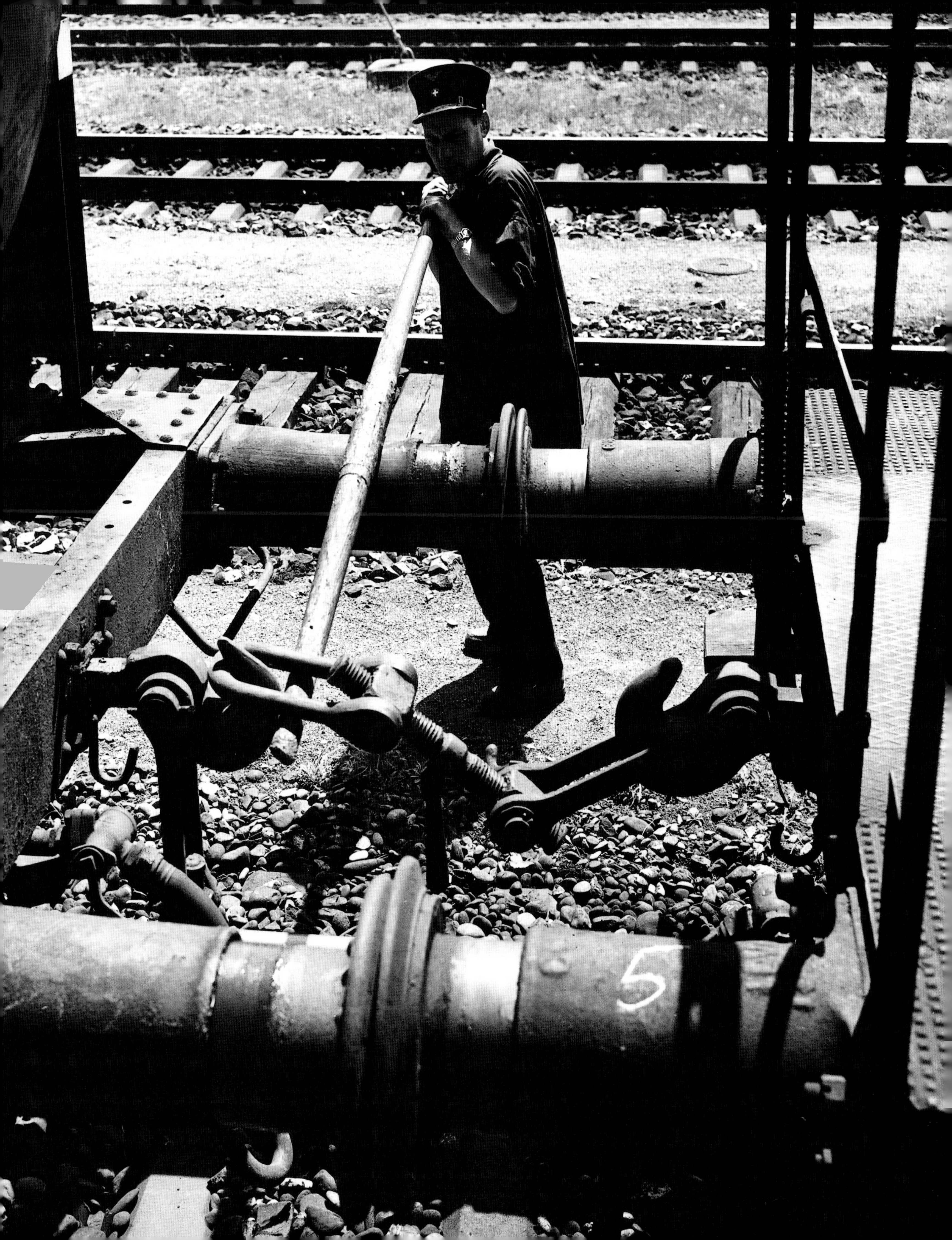
5

Harter Wintereinsatz am 10. Februar 1944 in Wassen: die Dampfschneeschleuder «Rotary» im Einsatz. Das Ungetüm wurde 1896 noch an die Gotthardbahngesellschaft geliefert.

Service hivernal dans toute sa rigueur le 10 février 1944 à Wassen. Le chasse-neige à vapeur «Rotary» est sous pression. Cet engin impressionnant a été construit en 1896 pour le Chemin de fer du Saint-Gothard.

Auch das «Krokodil» ist vom Wetter gezeichnet und wartet im Bahnhof Wassen geduldig auf seinen nächsten Einsatz.

La locomotive «crocodile» toute enneigée attend stoïquement l'ordre de départ en gare de Wassen.

Rund fünfzig Jahre nach Anschaffung der Dampfschleuder «Rotary» erhielten die SBB eine elektrische Schneeschleuder, die ihren Strom von der schiebenden Lok bezog und ebenfalls hauptsächlich am Gotthard zum Einsatz kam.

Quelque cinquante ans après l'achat du «Rotary», les CFF se sont procurés un chasse-neige électrique, alimenté en courant par la locomotive de pousse et qui est resté longtemps attribué à la ligne du Saint-Gothard.

Die Eisbildung an den kahlen Felswänden ist ein Sicherheitsrisiko für die vorbeifahrenden Züge. Wo keine Verbauungen vorhanden sind, müssen Eis und Schnee auch heute noch von Hand weggeschlagen werden.

La formation de glace contre les parois rocheuses bordant la voie est un danger pour les trains. Là où les ouvrages de protection font défaut, il faut aujourd'hui encore casser la glace à la main.

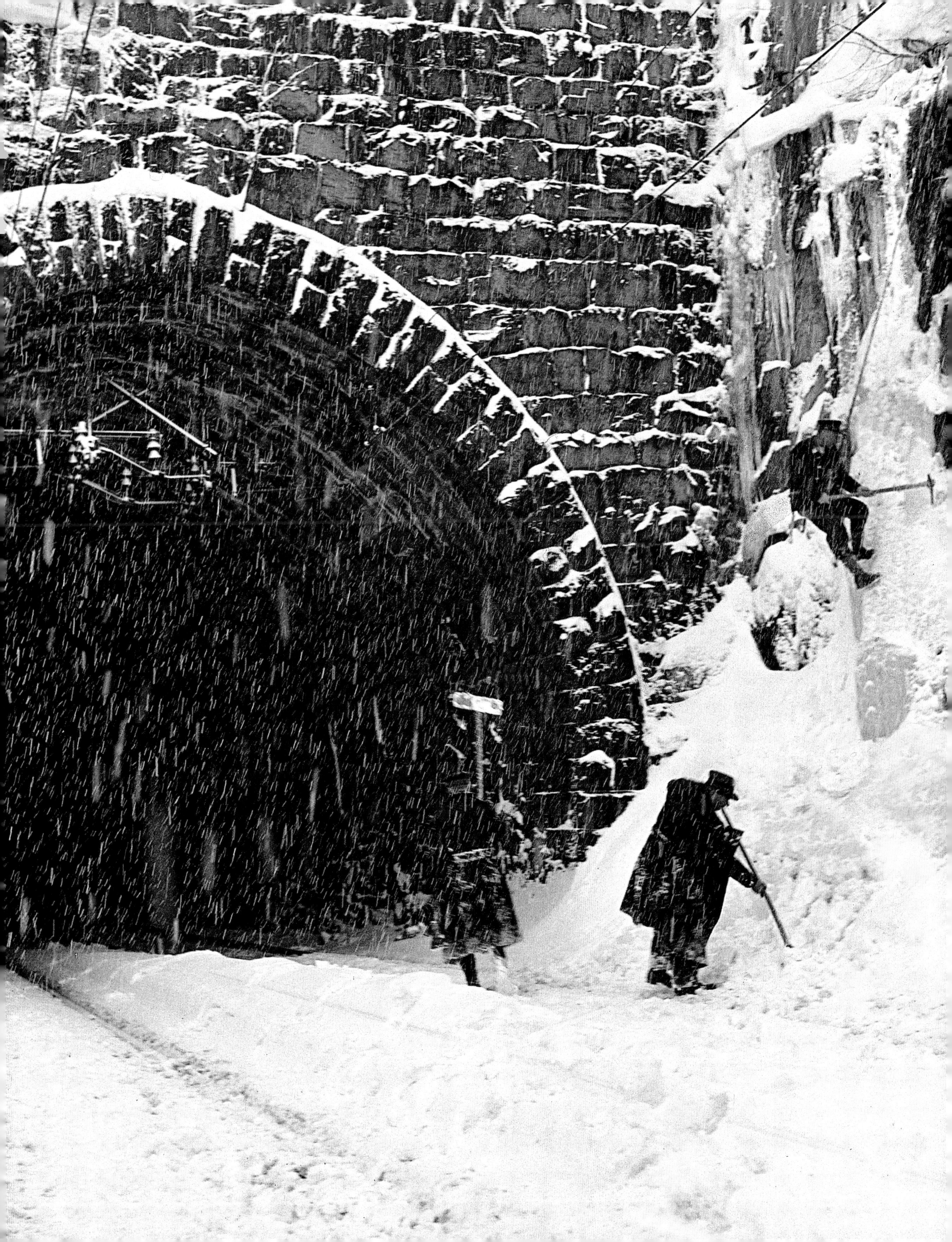

Die Tätigkeit als Streckenwärter erfordert gute Gesundheit und absolutes Verantwortungsbewusstsein: Schreiten von Schwelle zu Schwelle vor dem Simplontunnel-Nordportal.

La fonction de garde-voie exige une bonne santé et un sens inné des responsabilités: à petits pas d'une traverse à l'autre devant le portail nord du tunnel du Simplon.

Der 15 Kilometer lange, doppelspurige Gotthardtunnel wird, wie hier im Februar 1961, zu zweit durchwandert. Dabei ist eine gute Beobachtungsgabe wichtig. Ein nahender Zug kündigt sich bei seiner Einfahrt in den Tunnel mit einem plötzlich erhöhten Luftdruck an. Die Wärter suchen dann in der nächsten Nische Schutz.

Le tunnel à double voie du Saint-Gothard, long de 15 km, est parcouru par deux gardes, comme le montre cette photo datant de février 1961. Le don d'observation est primordial même si l'approche d'un train est perçue dès son entrée dans le tunnel par une augmentation brutale de la pression de l'air. Les cheminots se réfugient alors dans la prochaine niche.

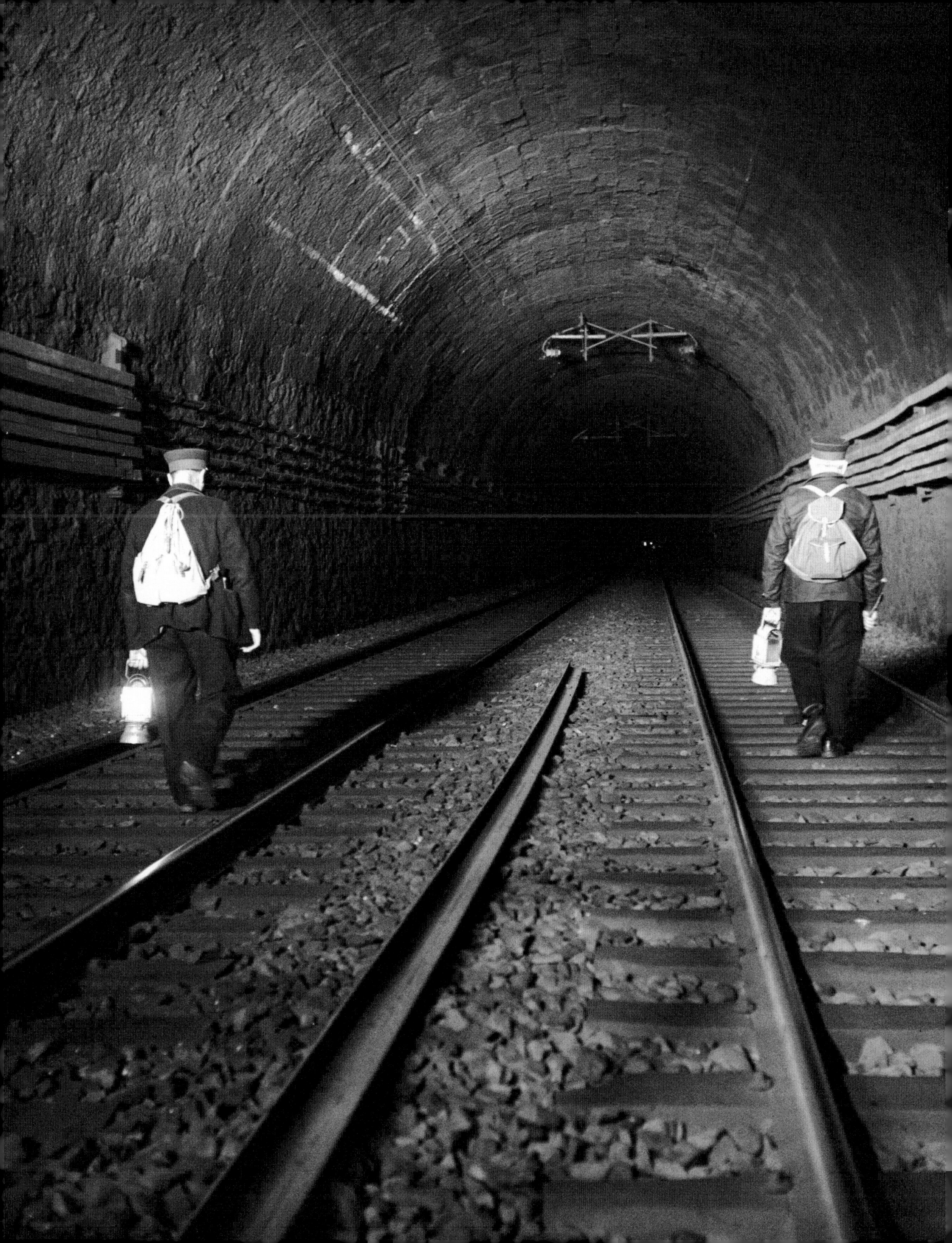

Während des Zweiten Weltkriegs – hier am 30. Mai 1943 – war der Zugverkehr nur auf das Nötigste beschränkt. Ein Schwatz auf dem Bahnübergang beim Weiler Bundkofen zwischen Suberg-Grossaffoltern und Schüpfen war damals problemlos möglich, allerdings unter den strengen Augen der Barrierenwärterin. Das Nahen eines Zuges wurde mit einer Signalglocke angekündigt, dann musste die Schranke mit einer Kurbel über Seilzug gesenkt werden.

Pendant la Seconde Guerre mondiale, le trafic ferroviaire est limité au strict nécessaire. Cette photo en témoigne; elle a été prise le 30 mai 1943 sur le passage à niveau du hameau de Bundkofen, entre Suberg-Grossaffoltern et Schüpfen. Certes, la garde-barrière veille au grain; lorsque l'approche d'un train est annoncée par la cloche électrique, les barrières sont actionnées au moyen d'une manivelle.

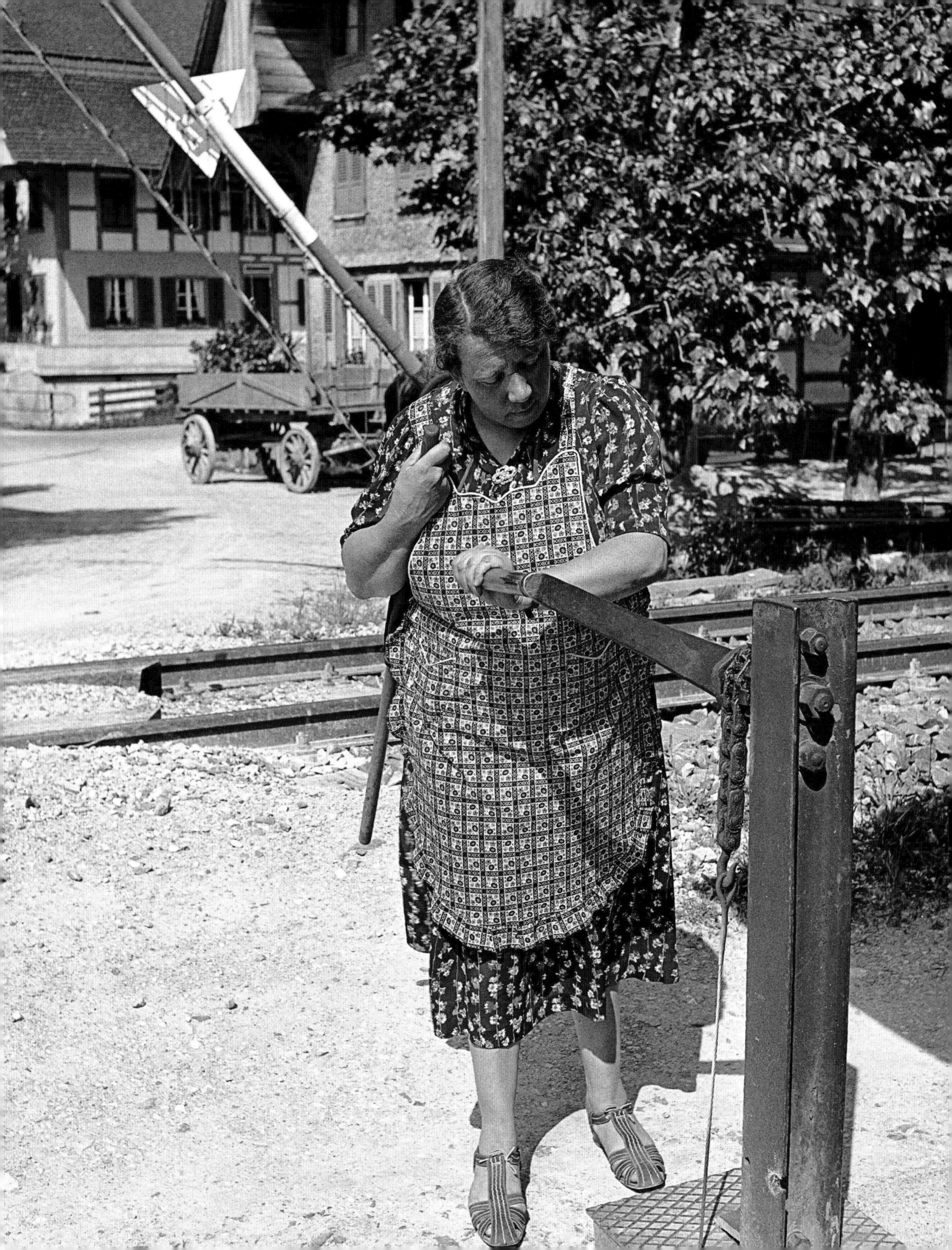

Die niveaugleiche Kreuzung der Strasse durch das St.-Immer-Tal und der Bahnlinie Sonceboz-Sombeval–Moutier passiert am 28. Oktober 1937 ein Saurer-Lastwagen. Die bereits elektrifizierte, steigungsreiche Linie wurde damals täglich von etwa zwei Dutzend Zügen befahren.

Le passage à niveau de la route du vallon de Saint-Imier avec la ligne Sonceboz-Sombeval–Moutier est franchi par un camion Saurer le 28 octobre 1937. Fraîchement électrifié, ce tronçon montagneux est alors parcouru quotidiennement par deux douzaines de trains.

Ein Barriereposten wurde oftmals von einer ganzen Familie betreut, die im dazugehörigen Wärterhaus wohnte. Meldete sich ein Zug über die Signalglocke, unterbrach die Frau ihre Hausarbeit und besorgte kurzfristig den Bahndienst. Der Mann arbeitete meist als Streckenwärter oder beim Unterhaltsdienst.

Un poste de garde-barrière était fréquemment l'affaire de toute une famille qui vivait dans la maisonnette attenante. Dès qu'un train était annoncé par la cloche, madame quittait momentanément ses travaux ménagers pour remplir ses fonctions de sécurité. Le mari était en général cheminot au service de la voie.

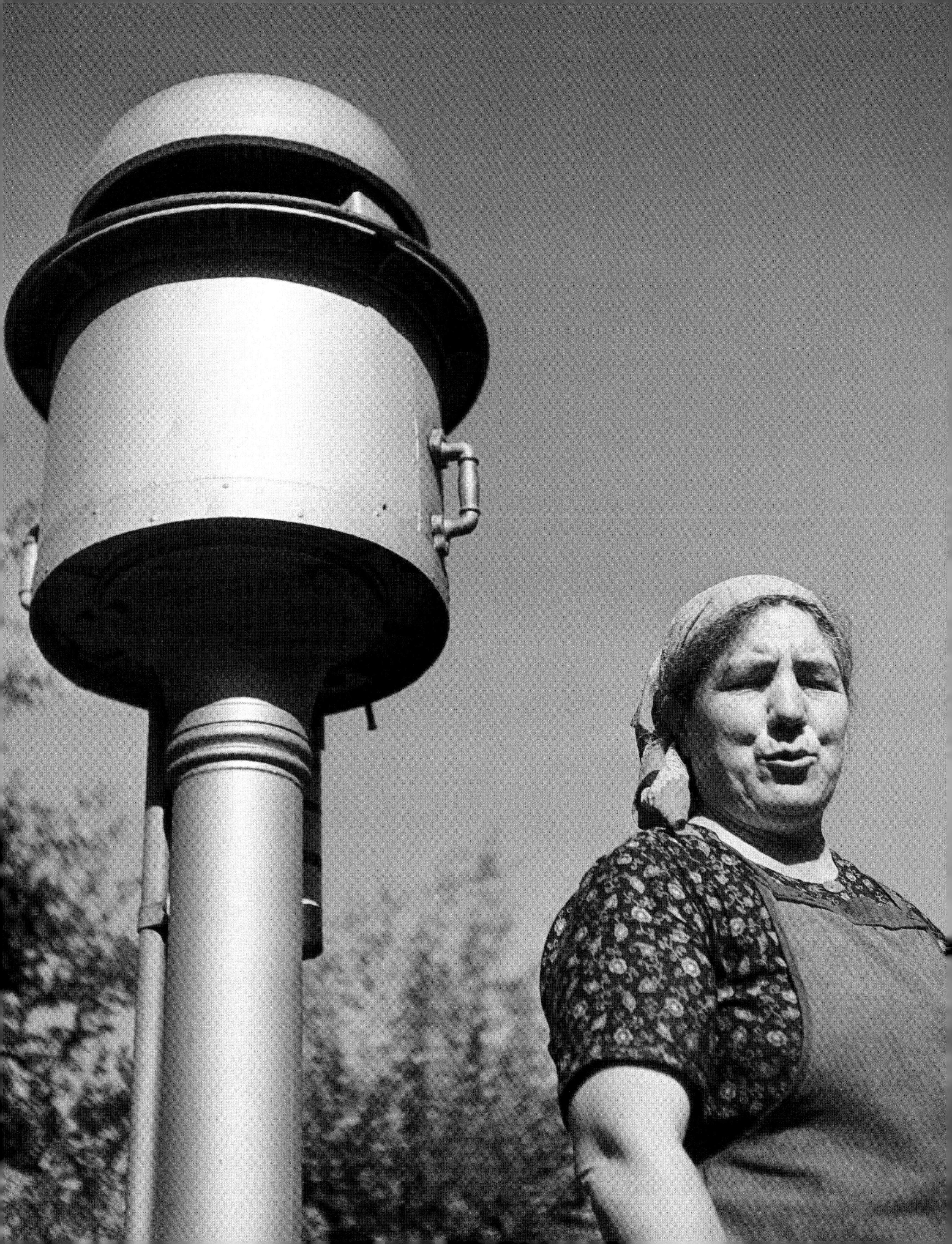

Das Stationsbüro von Chambrelien an der Linie Neuchâtel–La Chaux-de-Fonds zeigt die Atmosphäre einer typischen Landstation um 1950. Der Beamte nimmt gerade ein vorgedrucktes Billett aus dem eigens dafür eingerichteten Kasten. In der Bildmitte steht das Pult, im Vordergrund sorgt ein Brikettofen für Wärme.

Le bureau de gare de Chambrelien, sur la ligne Neuchâtel–La Chaux-de-Fonds, reflète l'atmosphère typique des stations de campagne avant 1950. L'employé sort un billet carton préimprimé «Edmondson» du casier à billets. Le pupitre se trouve au milieu de la pièce dont le chauffage est assuré par un calorifère à bois et briquettes.

Auf der Aussenanlage der Station Escholzmatt im Entlebuch bedient der junge Beamte die Kurbel eines Hauptsignals. Darüber die Stellkästen für die Signalglocken. Weiter hinten sind die Stellhebel der beiden Hauptweichen für das Kreuzungsgleis zu sehen.

A Escholzmatt, le jeune agent manœuvre un levier de signal. Au-dessus se trouvent les coffrets de commande des cloches, tandis qu'à droite du cheminot sont placés l'appareil de block et les leviers d'aiguilles.

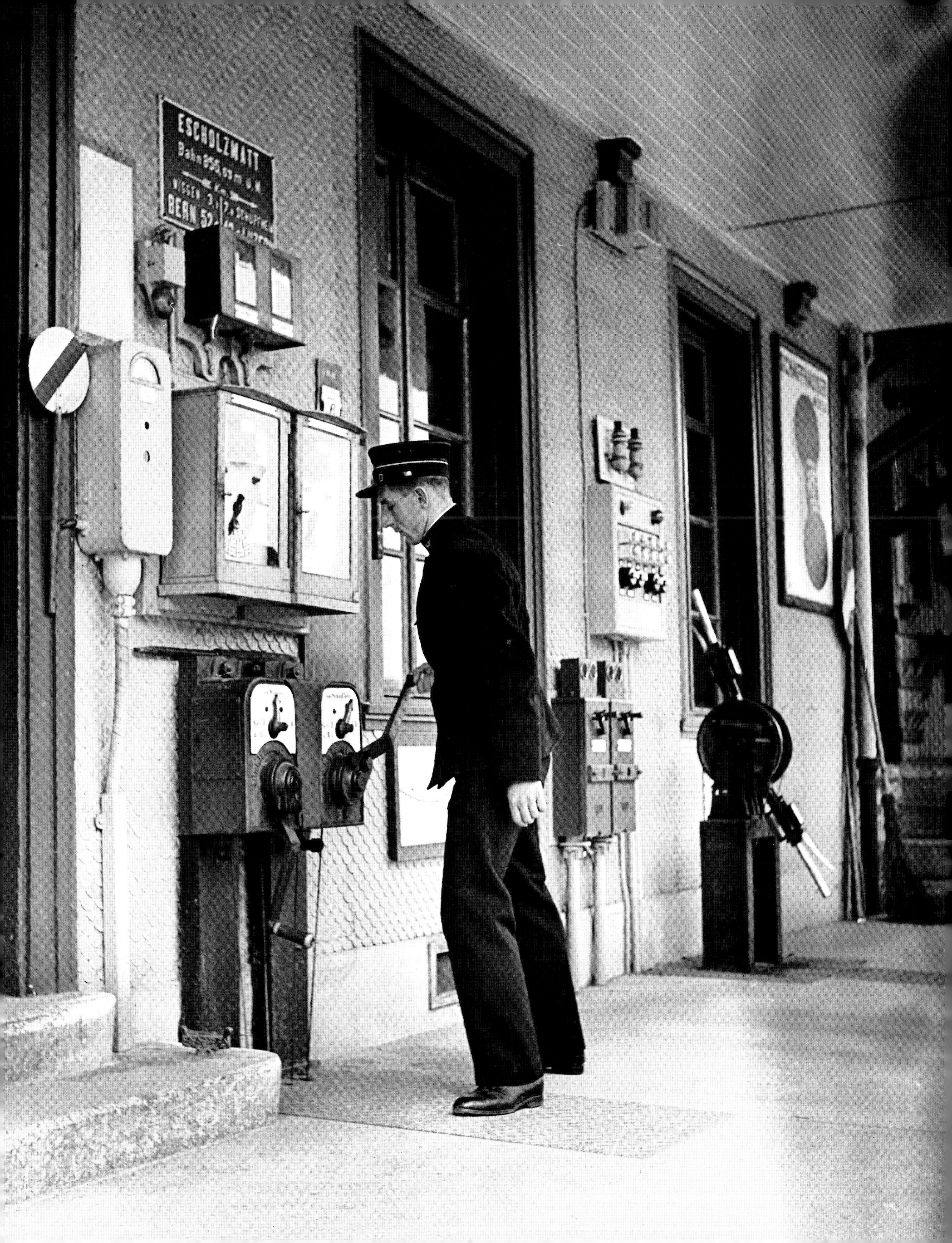
ESCHOLZMATT
Bahn 855,63 m. ü. M.
WIGGEN
BERN

Wenn einer eine Reise tut...

Lorsque l'on part en voyage...

Transporte gibt es seit Menschengedenken. Die Notwendigkeit, von einem Ort zum andern zu gelangen, entsteht aus unterschiedlichsten Gründen – sei es als Pendler, sei es zu einem Besuch bei Verwandten oder um das Ferienziel zu erreichen. Reisen kann man aber auch um der Reise willen. Und wenn einer eine Reise tut, dann kann er was erleben...
Die nachfolgenden Bilder zeigen typische Landschaften, zu denen die Bahn einfach dazugehört. Landschaften zum Geniessen: an einem See im Mittelland, in den Bergen am Gotthard oder im südlichen Lugano. Genauso gibt es im und um den Zug viel zu beobachten: die Mitreisenden, das Zugpersonal oder die vielen technischen Anlagen. Bewusst wird hier auf die Strecke der ebenfalls zu den SBB gehörenden, schmalspurigen Brünigbahn verzichtet, da diese noch als eigenes Thema behandelt werden soll.
Doch die Bahn transportiert nicht nur Personen, sondern auch Güter. Unser Bezug zum klassischen Gütertransport ist in den letzten Jahren verloren gegangen, seit die spezielle Atmosphäre der Güterschuppen und des «Güterzuges mit Personenbeförderung» den rationellen Betriebsabläufen weichen musste. Dafür können wir – wie früher – immer noch lange und schwere Güterzüge beobachten, die in grossen Rangierbahnhöfen zusammengestellt wurden. Güterzüge, die damals wie heute einen wichtigen Teil unserer Landesversorgung übernehmen, obwohl sich die Güter stark verändert haben – auch das machen die fotografischen Zeitdokumente deutlich.

Le déplacement et le transport existent depuis les origines de l'humanité. Les raisons de se déplacer d'un lieu à un autre relèvent aujourd'hui de raisons multiples. Il s'agit, par exemple, de se rendre au travail, en visite dans sa famille, de partir en vacances ou peut-être tout simplement du plaisir de voyager. Car celui qui voyage vit des instants privilégiés!
Les images qui vont suivre présentent des endroits typiques où le chemin de fer fait partie du paysage. Des lieux de prédilection, tels que les rivages de nos lacs, les montagnes du Saint-Gothard ou l'ambiance méridionale de Lugano. Et il y a beaucoup à observer aussi dans le train et autour du train: les voyageurs, le personnel et les remarquables réalisations techniques. Volontairement, nous avons renoncé à englober la ligne à voie étroite du Brunig, cela malgré qu'elle appartienne aux CFF, car elle fera l'objet d'un ouvrage distinct.
Le train ne transporte pas seulement des personnes, mais aussi des marchandises. Notre perception de ce trafic s'est estompée ces dernières années, depuis que l'atmosphère particulière des halles aux marchandises et des trains mixtes a disparu au profit d'un «management» plus rigoureux. Pourtant, comme par le passé, nous pouvons toujours observer de longs et lourds trains de marchandises qui sont formés dans d'impressionnantes gares de triage. Des trains qui, aujourd'hui comme hier, assurent une part importante de l'approvisionnement du pays, cela même si la nature du fret a considérablement changé, ce que la documentation photographique révèle éloquemment.
Souvenirs pour les anciens, découvertes pour les plus jeunes, laissons-nous charmer par ces documents, témoins de l'épopée ferroviaire helvétique.

Die BBC organisierte im Jahr 1928 einen Fotozug, um ihre an die SBB gelieferten Ae 3/6 I (hier die Nr. 10655) für Werbeaufnahmen abzulichten. Die Bilder entstanden im «Felsenbahnhof» von Saint-Maurice (oben) und an den schönsten Stellen am Genfersee (folgende Doppelseite: beim Schloss Chillon).

Le constructeur BBC organise en 1928 un train spécial avec la locomotive Ae 3/6 I n° 10655 pour réaliser des clichés publicitaires de ce modèle particulièrement réussi. Ci-dessus, le train pose devant les rochers de la gare de Saint-Maurice avant de se rendre sur les rives idylliques du Léman (double page suivante: près du château de Chillon).

Eine Krokodil-Lok vom Typ Ce 6/8 II schleppt im Juli 1961 einen schweren Güterzug durch die Rebberge des Dézalay zwischen Epesses und Rivaz am Genfersee entlang.

En juillet 1961, une «crocodile» Ce 6/8 II tracte un lourd train de marchandises à travers le vignoble du Dézalay, entre Epesses et Rivaz, le long du Léman.

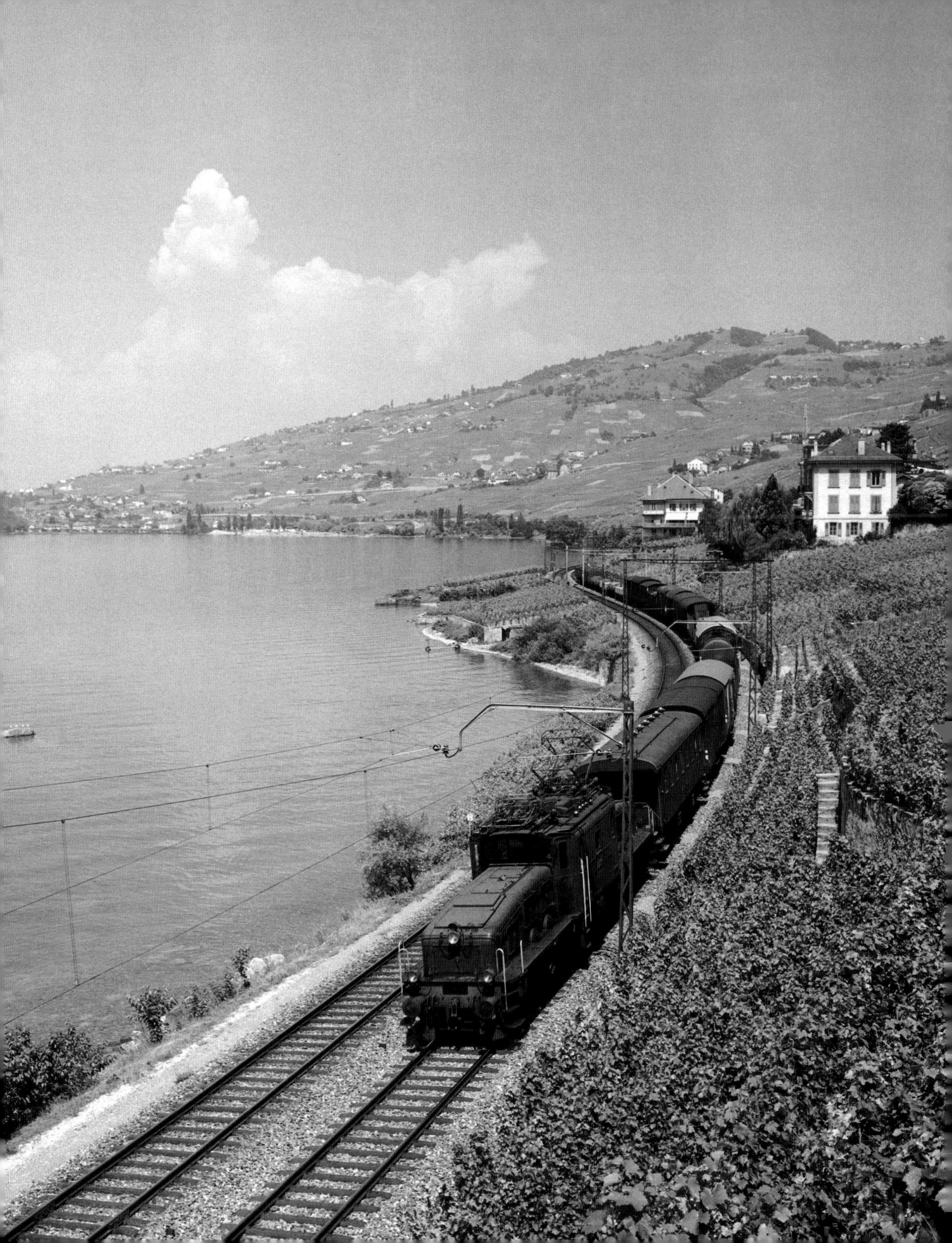

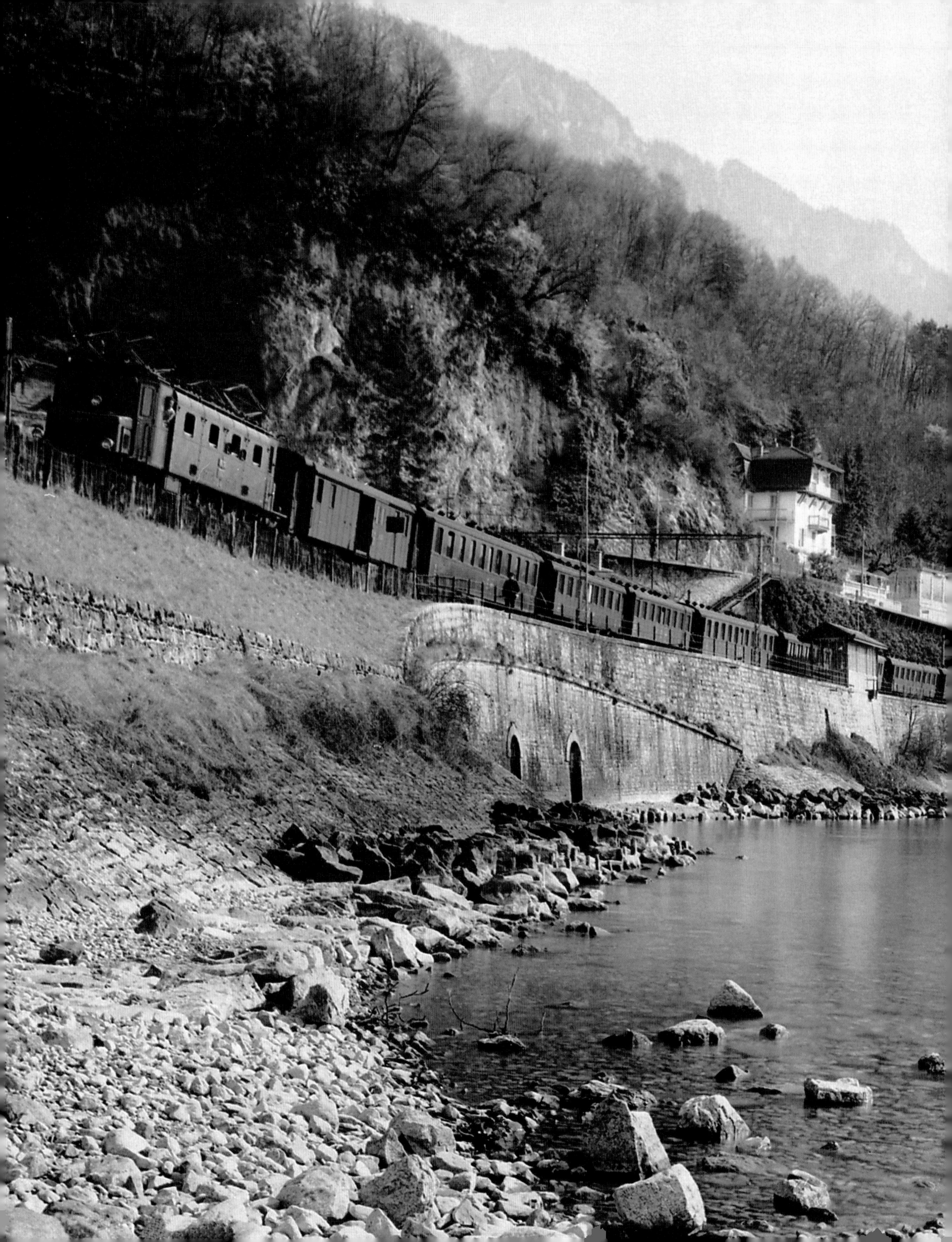

Der «Simplon» war seinerzeit mit knapp 20 Kilometern der längste Tunnel der Welt. Die Tunnelröhre I (rechts im Bild) ging am 1. Juni 1906 in Betrieb. Das Bild am Südportal in Iselle di Trasquera muss vor 1908 entstanden sein, weil die abgebildete Lok Nr. 361 von den Italienischen Staatsbahnen gemietet war und 1908 zurückgegeben wurde. Links die erst 1922 in Betrieb genommene zweite Spur, die noch nicht gebraucht wurde und noch keine Fahrleitung hat.

Le Simplon a été longtemps le plus long tunnel du monde avec sa percée de quelque 20 km. Il est constitué de deux tubes distincts. Le «tunnel I» est ouvert à l'exploitation le 1er juin 1906. C'est celui de droite sur cette photo du portail sud à Iselle di Trasquera. Le cliché a été réalisé au cours des deux premières années de service, car la locomotive nº 361, louée aux Chemins de fer italiens de l'Etat (FS), leur a été rendue en 1908. A gauche, la voie d'accès au «tunnel II» n'est pas encore équipée d'une ligne de contact (la double voie est opérationnelle depuis 1922).

Die 19 Kilometer lange Simplon-Südrampe gehört zwar den Italienischen Staatsbahnen, wird aber von den SBB betrieben, weshalb die Linie 1930 auch mit dem SBB-üblichen Stromsystem elektrifiziert wurde. Stations- und Unterhaltsdienst wird jedoch von den Italienern besorgt. Im Frühling 1963 durchfährt eine Ae 4/7 die Station Preglia.

Longue de 19 km, la rampe sud du Simplon appartient aux FS, mais elle est exploitée par les CFF, raison pour laquelle elle est électrifiée depuis 1930 selon le système helvétique. Au printemps de 1963, un train remorqué par une Ae 4/7 passe en gare de Preglia.

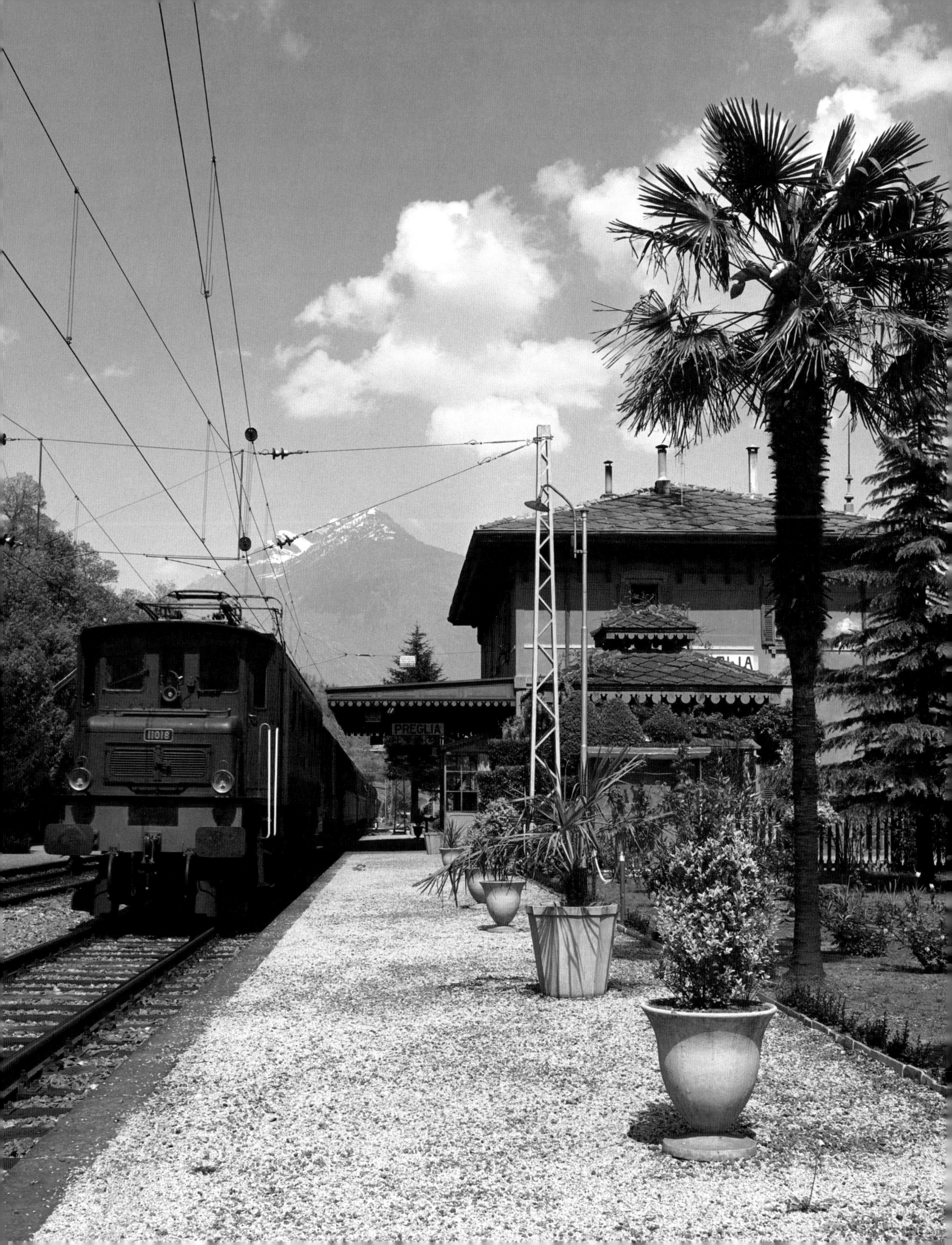
11018
PREGLIA

Sowohl durch den Simplon- als auch durch den Gotthardtunnel richteten die SBB schon in den Zwischenkriegsjahren einen Autoverladebetrieb ein. Die Autos wurden dabei auf einfachen Flachwagen befördert, während die Reisenden aus Sicherheitsgründen im eigens mitgeführten Personenwagen Platz nehmen mussten. Am 6. April 1939 herrschte in Göschenen ein reger Verladebetrieb (oben), während im Winter 1953 nur wenige Fahrzeuge von Italien her in Brig eingetroffen sind (rechts).

Entre les deux guerres déjà, les CFF ont organisé un service d'automobiles accompagnées à travers les tunnels alpins du Saint-Gothard et du Simplon. Au début, les autos sont chargées sur de simples wagons plats et les personnes doivent prendre place dans une voiture ferroviaire pour des raisons de sécurité. Opérations de chargement en gare de Göschenen le 6 avril 1939 où le train est complet (ci-dessus), alors que peu de voitures débarquent à Brigue en hiver 1953 (à droite).

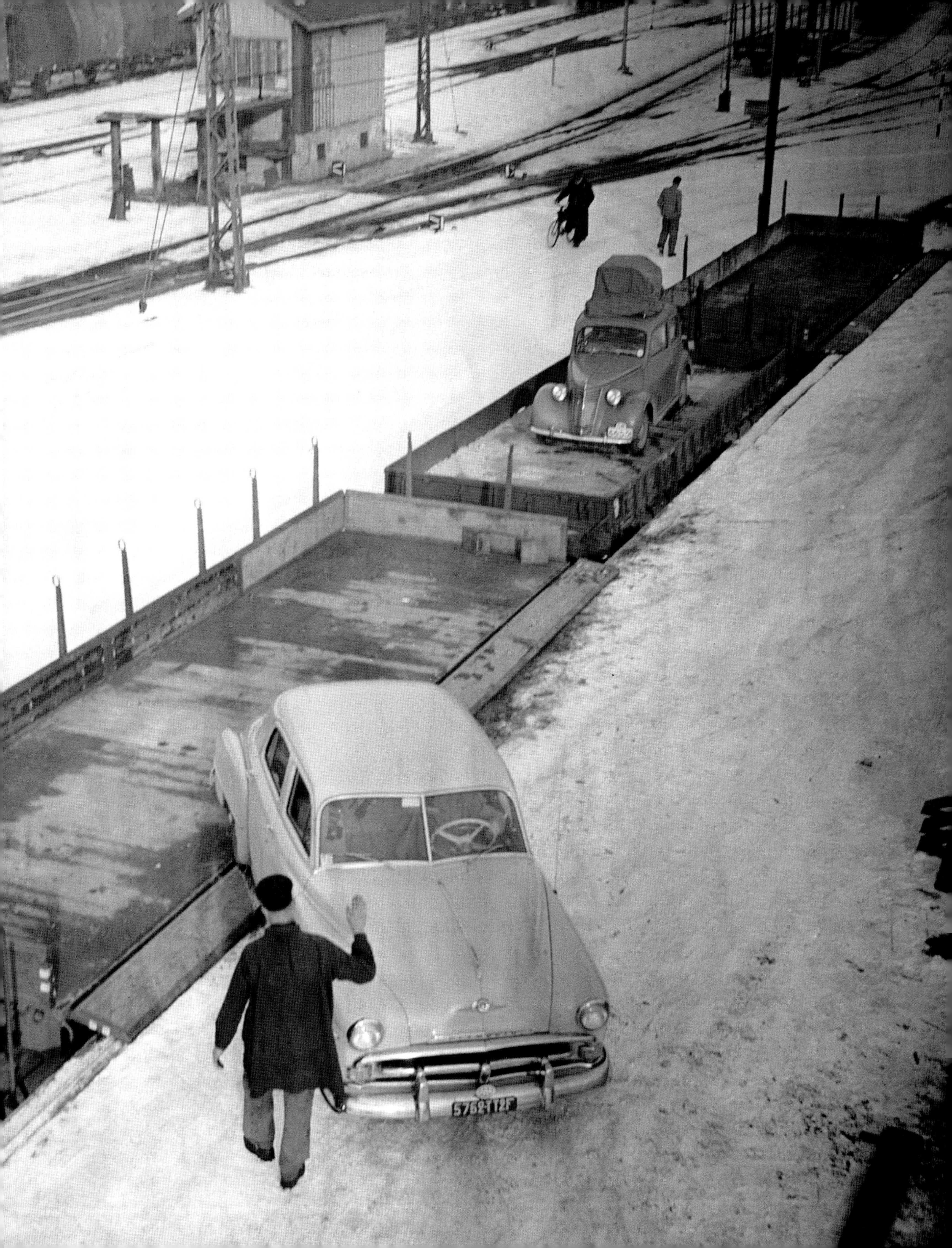

Ein Städteschnellzug, bespannt mit einer Re 4/4 I der 2. Serie, durchfährt im April 1960 den Torbogen von Schloss Grandson am Neuenburgersee. Die Linie Lausanne–Biel–Olten–Zürich bildet die nördliche West-Ost-Transversale durch das Mittelland.

Un train interville, remorqué par une Re 4/4 I de la deuxième livraison, passe en avril 1960 sous la voûte du château de Grandson, au bord du lac de Neuchâtel. La ligne du Pied du Jura, Lausanne–Bienne–Olten–Zurich, est l'une des deux transversales est-ouest, l'autre étant celle du Plateau, passant par Fribourg et Berne.

Im Schatten der beiden West-Ost-Verbindungen via Biel und Bern steht die ebenfalls in Längsrichtung verlaufende Lokallinie durch das Broyetal. Der mit einer Ae 3/6 I bespannte Personenzug fährt vor der Kulisse des Städtchens Lucens vorbei.

Entre les deux grandes transversales est-ouest et en parallèle, se trouve la ligne longitudinale de la Broye. Remorqué par une Ae 3/6 I, le train Lausanne–Payerne–Lyss passe au pied du château de Lucens.

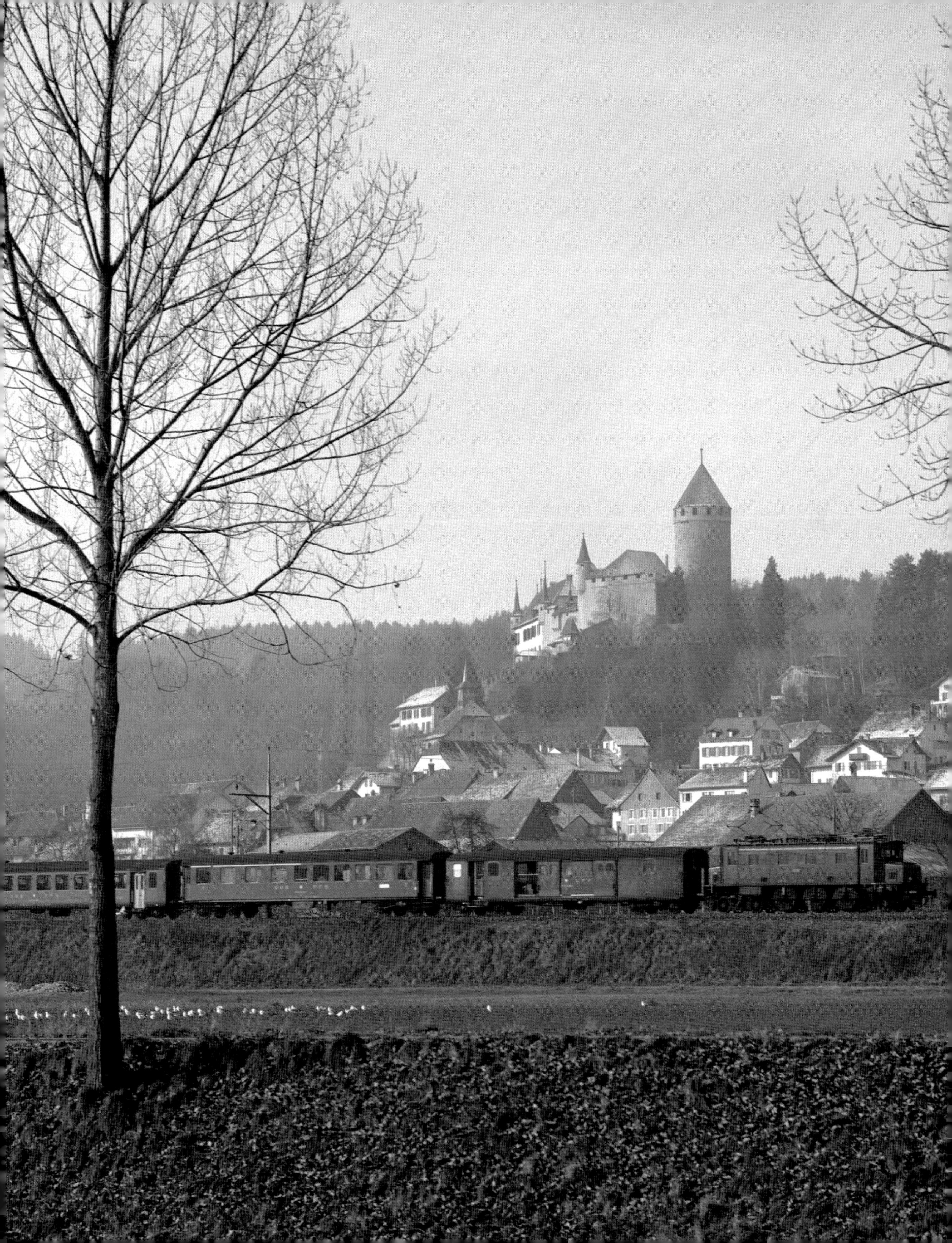

Ländliche Idylle an der Haltestelle Bressonaz im Jahr 1946, an der gerade eine Sécheron-Maschine vom Typ Ae 3/5 hält. Im Vordergrund sind die Schienen der schmalspurigen Überlandbahn Lausanne–Moudon zu erkennen, die bis 1962 existierte.

Idylle campagnarde à la halte de Bressonnaz où s'arrête une «petite Sécheron» Ae 3/5. Au premier plan se trouve la voie étroite du tramway vicinal Lausanne–Moudon, supprimé en 1962.

Quer zur Broyetal-Längslinie verläuft die Verbindungslinie Yverdon–Payerne–Fribourg. Dem südlichen Ufer des Neuenburgersees folgend, tangiert sie bei Cheyres das grösste Uferschutzgebiet der Schweiz. Auf der Aufnahme von 1963 ist der BDe-4/4-Pendelzug noch mit einigen Güterwagen ausgelastet.

Perpendiculairement à la ligne longitudinale de la Broye, se trouve la transversale Yverdon–Payerne–Fribourg. Longeant la rive sud du lac de Neuchâtel, elle borde près de Cheyres la plus grande réserve naturelle de Suisse. Sur le cliché de 1963, le train réversible avec BDe 4/4 est allongé de quelques wagons de marchandises.

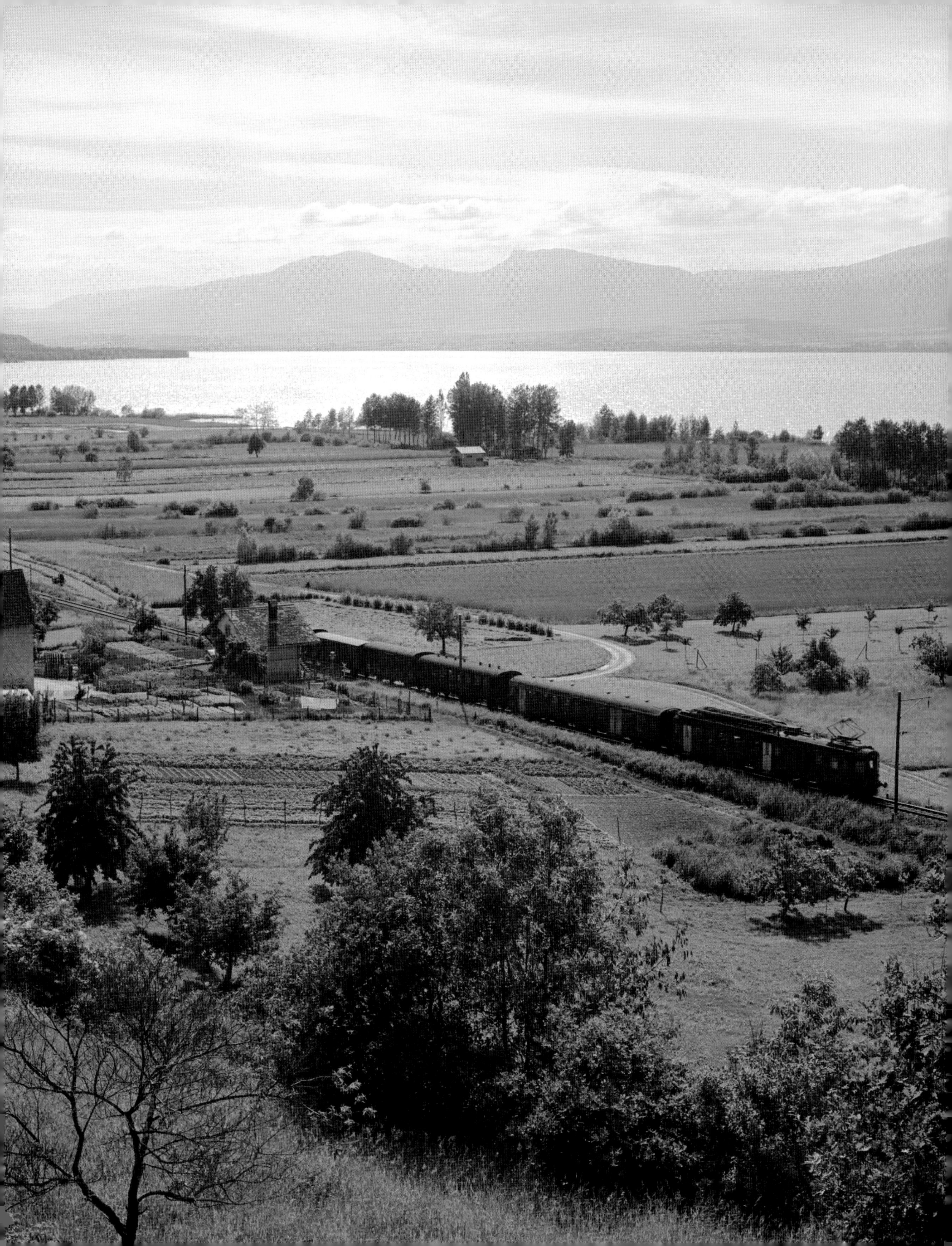

Bis 1956 führten die SBB und die anderen europäischen Eisenbahnen drei Wagenklassen. Der Unterschied war erheblich. Die gut betuchte Kundschaft konnte sich im Abteilwagen wohl fühlen, zu deren Plätzen eigens auch ein Kissen gehörte.

Jusqu'en 1956, les CFF et les autres chemins de fer européens offraient trois classes de voitures. La différence était appréciable. La clientèle aisée se sentait à l'aise dans la voiture à coupés feutrés avec coussins.

Da war das Reisen in der harten Holzklasse doch weit weniger angenehm und die Distanz nach einer längeren Reise auch in den Knochen spürbar.

Le voyage en troisième avec bancs en bois était nettement moins confortable.

Folgende Doppelseite: In den Vorkriegsjahren waren Dampfzüge noch an der Tagesordnung. Die B¾ steht mit einem Personenzug im Jahr 1931 in Basel SBB zur Abfahrt bereit, um über einen der vier Juraquerübergänge ins schweizerische Mittelland zu fahren.

Double page suivante: Durant les années d'avant-guerre, la traction à vapeur fait encore partie du quotidien. La B¾ est prête à quitter Bâle, en tête d'un train omnibus typique, pour gagner le Plateau suisse à travers l'un des quatre passages à travers le Jura.

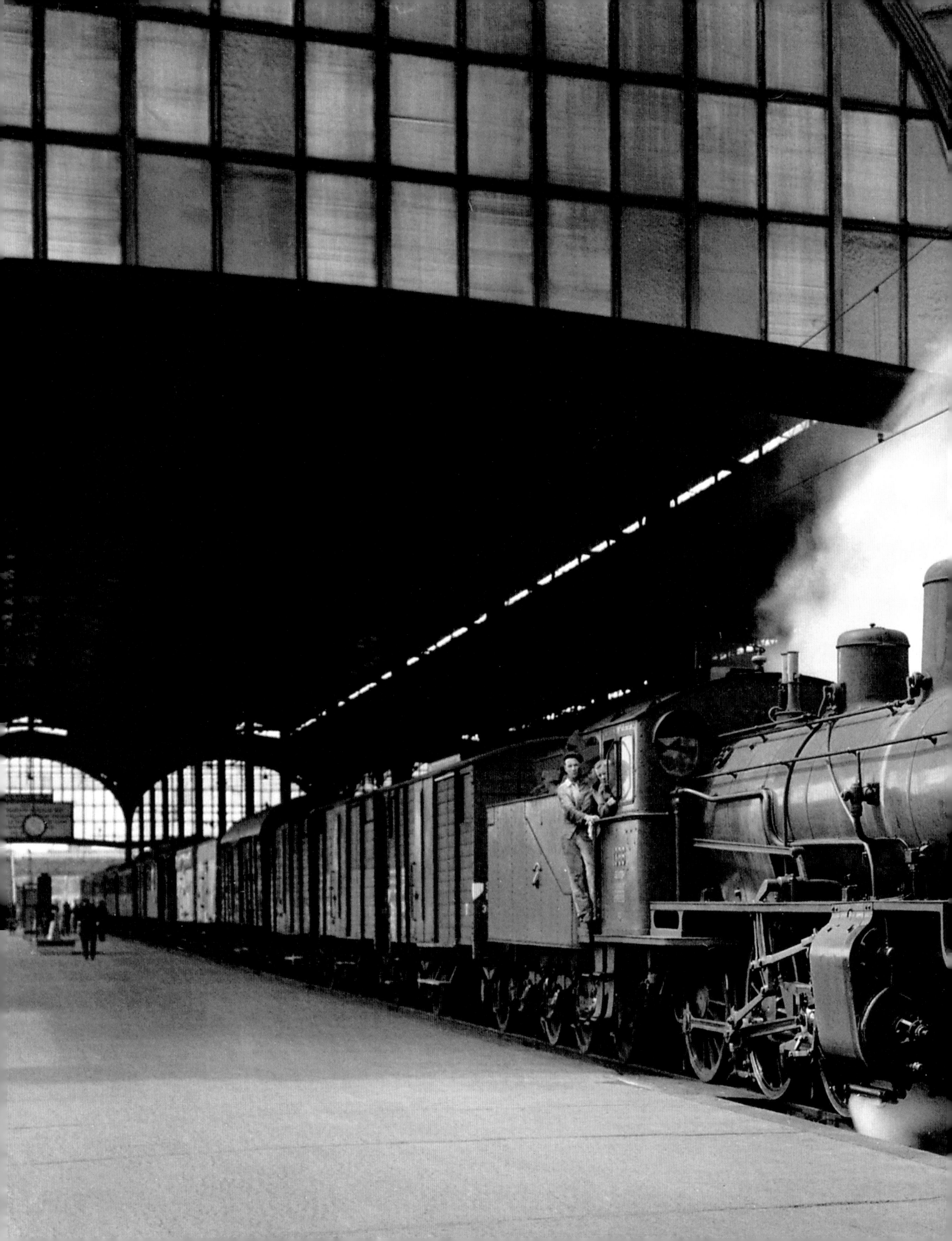

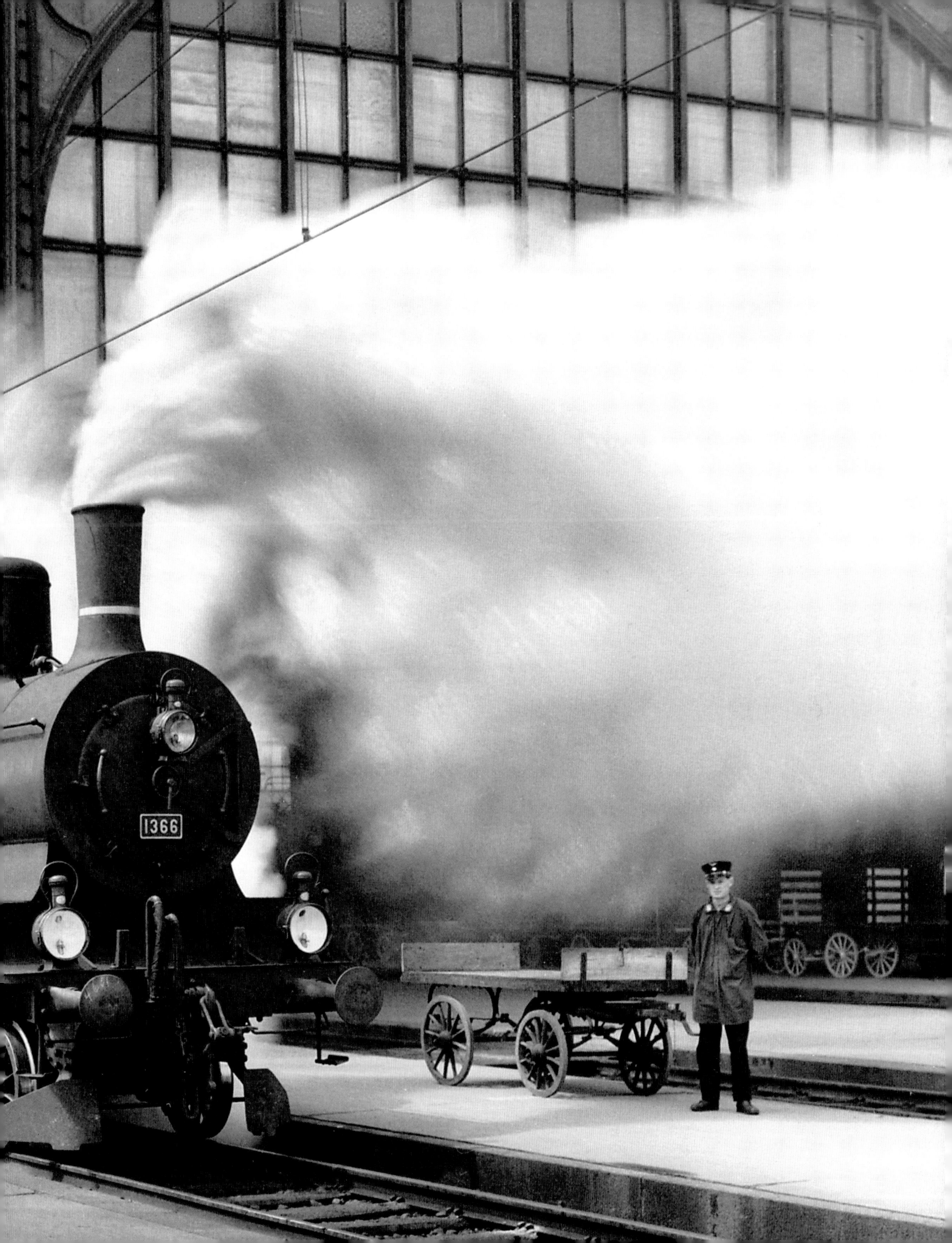
1366

Der Hauenstein ist die älteste Verbindung zwischen Basel und dem Mittelland. Die Strecke nahm 1858 den durchgehenden Betrieb auf. Von Anfang an herrschte auf der doppelspurigen Linie ein reger Betrieb. Im Jahr 1916 eröffneten die SBB die Basislinie von Sissach über Gelterkinden nach Olten; seither ist es am jetzt einspurigen «Alten Hauenstein» ruhig geworden. Am 28. Januar 1952 wartet ein kurzer Personenzug, mit einer Eb 3/5 bespannt, in Läufelfingen auf die Abfahrtszeit.

Le Hauenstein est la plus ancienne liaison entre Bâle et le Plateau. La ligne à double voie est ouverte en 1858 et connaît d'emblée un trafic intense. En 1916, les CFF inaugurent la ligne de base, de Sissach à Olten par Gelterkinden; depuis lors, l'ancienne ligne mise à simple voie sert essentiellement au trafic régional. Le 28 janvier 1952, un très modeste train omnibus remorqué par une Eb 3/5 marque l'arrêt à Läufelfingen.

Eine Besonderheit weist die bis zu 31 Promille steile Jurastrecke Neuchâtel–La Chaux-de-Fonds mit der Spitzkehre in Chambrelien auf. Die Linie endet hier – die Dampflokomotiven mussten auf der Drehscheibe gewendet und an das andere Ende des Zuges gesetzt werden. Nach der Bremsprobe ging die Reise in der entgegengesetzten Richtung weiter bergauf. Auch heute ist dieses Kuriosum noch vorhanden, doch benötigen die flinken Pendelzüge für den Fahrtrichtungswechsel nur noch rund drei Minuten.

La ligne Neuchâtel–La Chaux-de-Fonds, dans le Jura neuchâtelois, présente des rampes atteignant 31 pour mille et un rebroussement à Chambrelien. Dans ce cul-de-sac, la locomotive à vapeur doit être virée sur le pont tournant avant d'aller se placer à l'autre extrémité du train. Le rebroussement est toujours là, mais les rames réversibles repartent en sens inverse sans aucune manœuvre, après un bref arrêt de trois minutes.

Folgende Doppelseite: Die östlichste Juraquerung ist die Bözberglinie. Sie hat vor allem Bedeutung im Verkehr zwischen Basel und Zürich. Ein Schnellzug, bespannt mit einer ganz neuen Ae 4/7, hat um 1927 den mächtigen Aareviadukt in Brugg befahren und nimmt die Steigung der Bözberg-Südrampe bei Umiken in Angriff.

Double page suivante: La traversée la plus orientale du Jura est celle du Bözberg par où s'écoule un important trafic entre Bâle et Zurich. En 1927, une Ae 4/7 toute neuve franchit à Brugg AG l'imposant viaduc sur l'Aar et entame la rampe sud du Bözberg près d'Umiken.

107

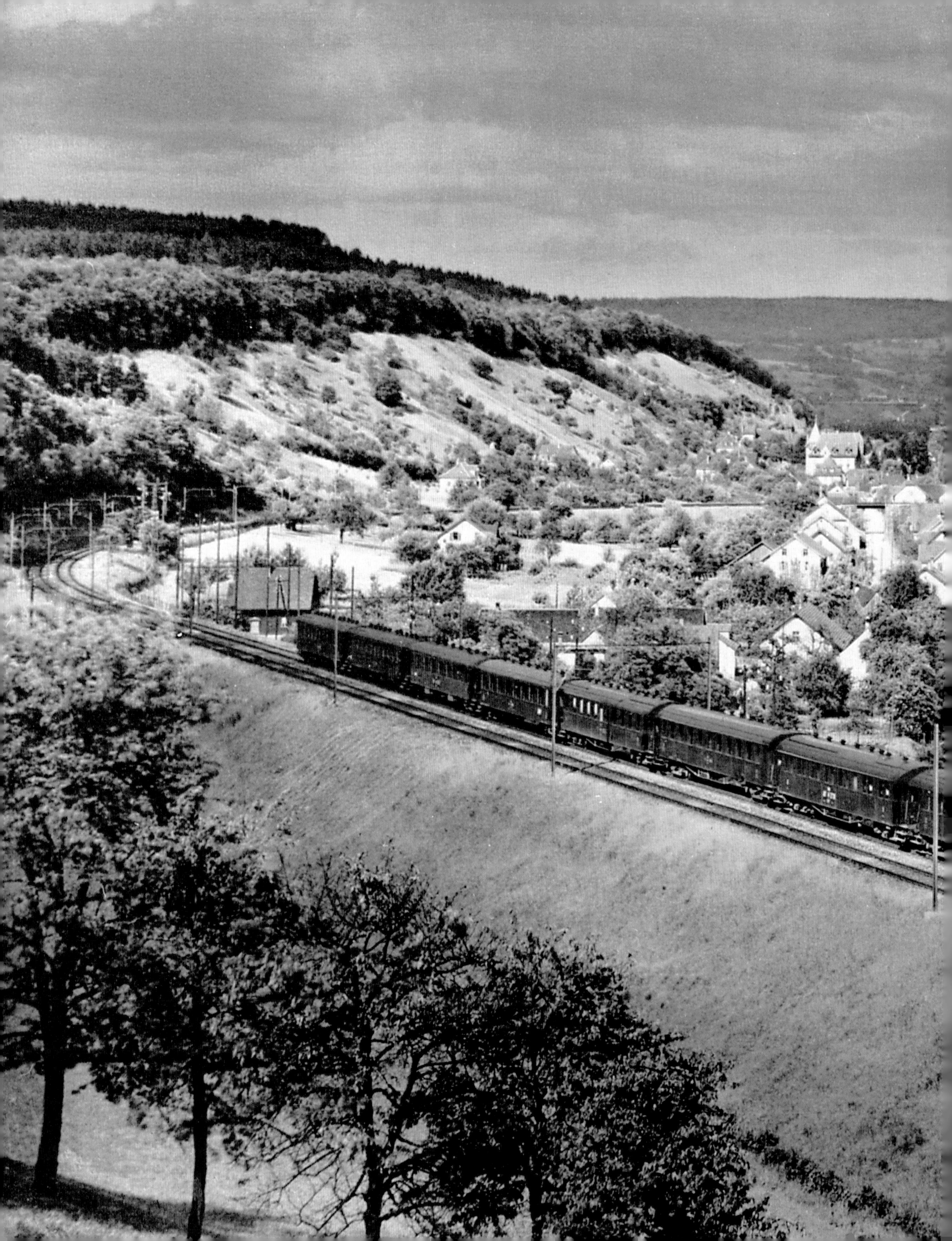

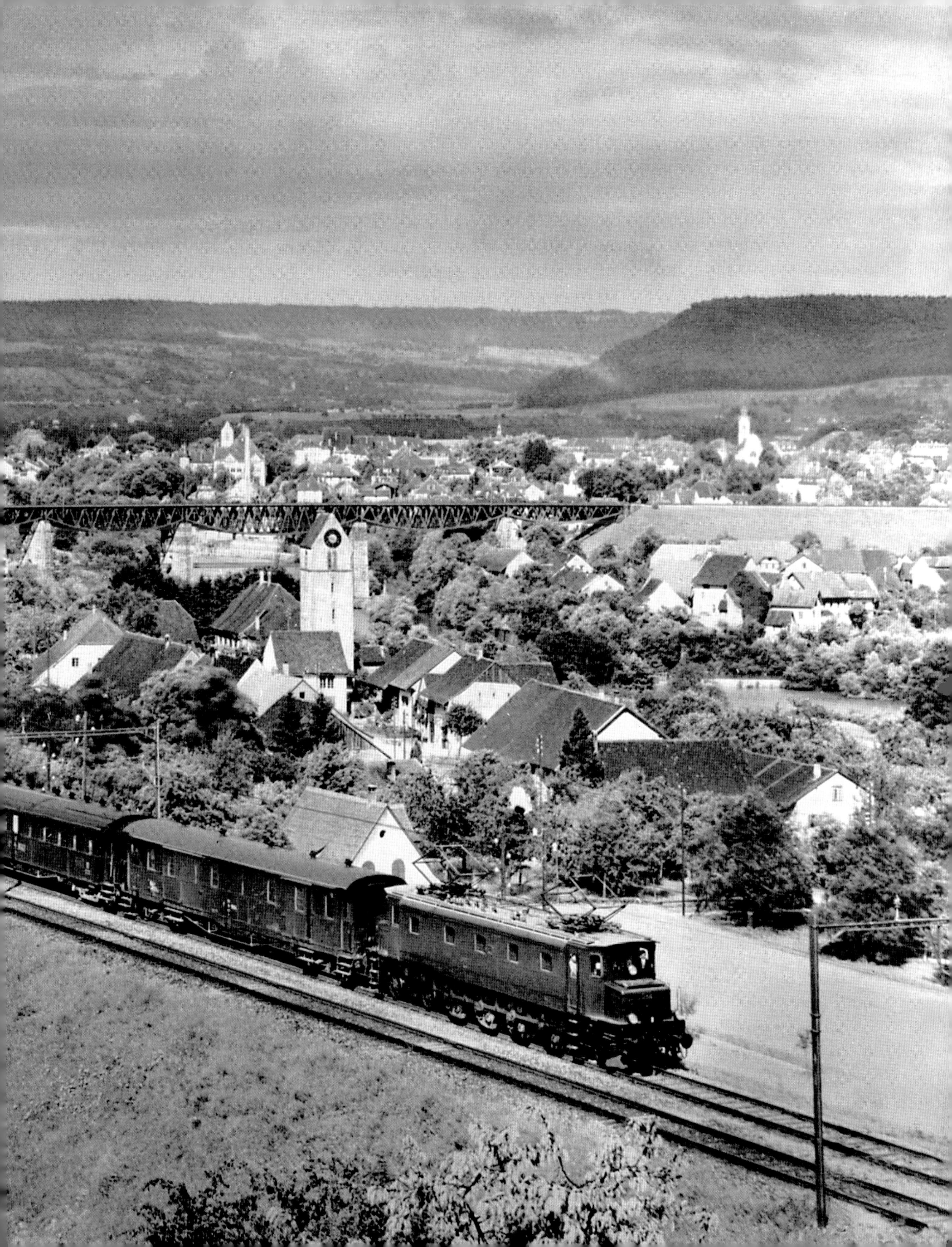

Die Juralinien von Basel aus haben seit jeher einen starken Güterverkehr zu bewältigen: zum einen den Warenaustausch zwischen Nord- und Südeuropa, zum anderen die Versorgungsgüter für die Schweiz, die mehrheitlich über Basel eingeführt werden. Oben «stängelt» eine Krokodil-Lok mit ihrem gemischten Güterzug um 1962 durch das Ergolztal bei Gelterkinden Richtung Basel.

Au départ de Bâle, les lignes à travers le Jura ont toujours connu un fort trafic de marchandises: c'est d'une part l'échange de produits entre le nord et le sud de l'Europe, d'autre part le ravitaillement de la Suisse qui est essentiellement importé par la Cité rhénane. En haut, vers 1962, une «crocodile» avance à coups de bielles à travers la vallée de l'Ergolz, près de Gelterkinden, avec un lourd convoi en direction de Bâle.

Schon in den Fünfzigerjahren bauten die SBB die Gleisanlagen in Muttenz zu einer Güterdrehscheibe aus: eine Ce 6/8 und zwei Ae 3/6 II warten mit ihrer Last auf den Befehl zur Abfahrt ins Landesinnere.

Dès les années cinquante, les CFF ont développé les installations de Muttenz pour en faire une plaque tournante du trafic marchandises: une Ce 6/8 et deux Ae 3/6 II attendent le moment de s'élancer avec leur lourde charge vers l'intérieur du pays.

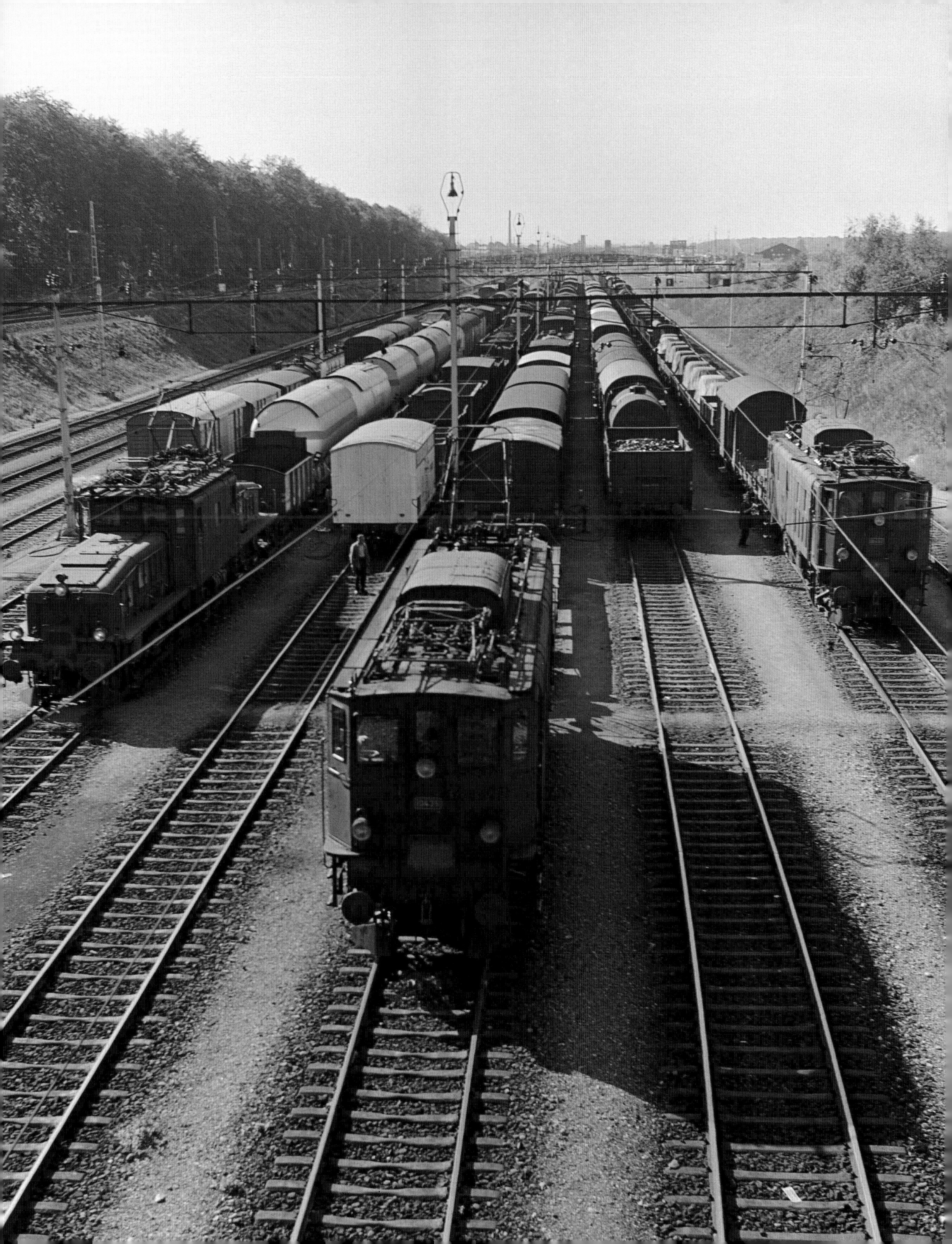

In den Nachkriegsjahren war der alljährliche Obst- und Gemüseverkehr intensiv. Die Bauern transportieren ihre Erzeugnisse mit Pferden und Hürlimann-Traktoren an die Verladerampe, wie hier in Erlen im Thurgau im Herbst 1954.

Durant les années d'après-guerre, le trafic automnal de fruits et légumes est très intense. Les paysans conduisent leur production au quai de chargement au moyen de chevaux et de tracteurs Hürlimann, comme ici à Erlen (Thurgovie) en 1954.

Aber auch der Viehtransport war jahrelang ein wichtiges Standbein des Güterverkehrs, bevor der Lastwagentransport einen direkteren und effizienteren Ablauf ermöglichte: am 6. September 1943 in Escholzmatt.

Le trafic de bétail est aussi un important segment du trafic marchandises, jusqu'à ce que le camion s'impose. Scène rurale le 6 septembre 1943 à Escholzmatt.

Der Nationalzirkus Knie gehört mit seinen Elefantentransporten seit Jahrzehnten zur treuen Kundschaft der Bundesbahnen. Für die Dickhäuter setzt man spezielle Wagen mit erhöhtem Dach ein, wie das Bild von 1945 dokumentiert.

Le Cirque national suisse Knie figure depuis des décennies parmi les fidèles clients des CFF. Les éléphants disposent toujours de leurs propres wagons avec toit surélevé, comme en témoigne cette vue de 1945.

Was wohl die beiden Mädchen der Bahn anvertrauen? Die Luftlöcher in den Schachteln lassen auf Kleintiere wie etwa Kaninchen schliessen. Dass man Gepäck und Stückgut sowie ganze Wagenladungen an jeder Station einfach aufgeben konnte, gehörte bis um 1970 zum «Service public» der Bahn.

Que peuvent bien confier au chemin de fer ces deux fillettes? Les trous d'aération percés dans les cartons font penser à de petits animaux, des lapins par exemple. La possibilité de consigner dans chaque gare des bagages, des colis isolés ou des chargements de wagons complets fait partie du service public du chemin de fer jusqu'en 1970.

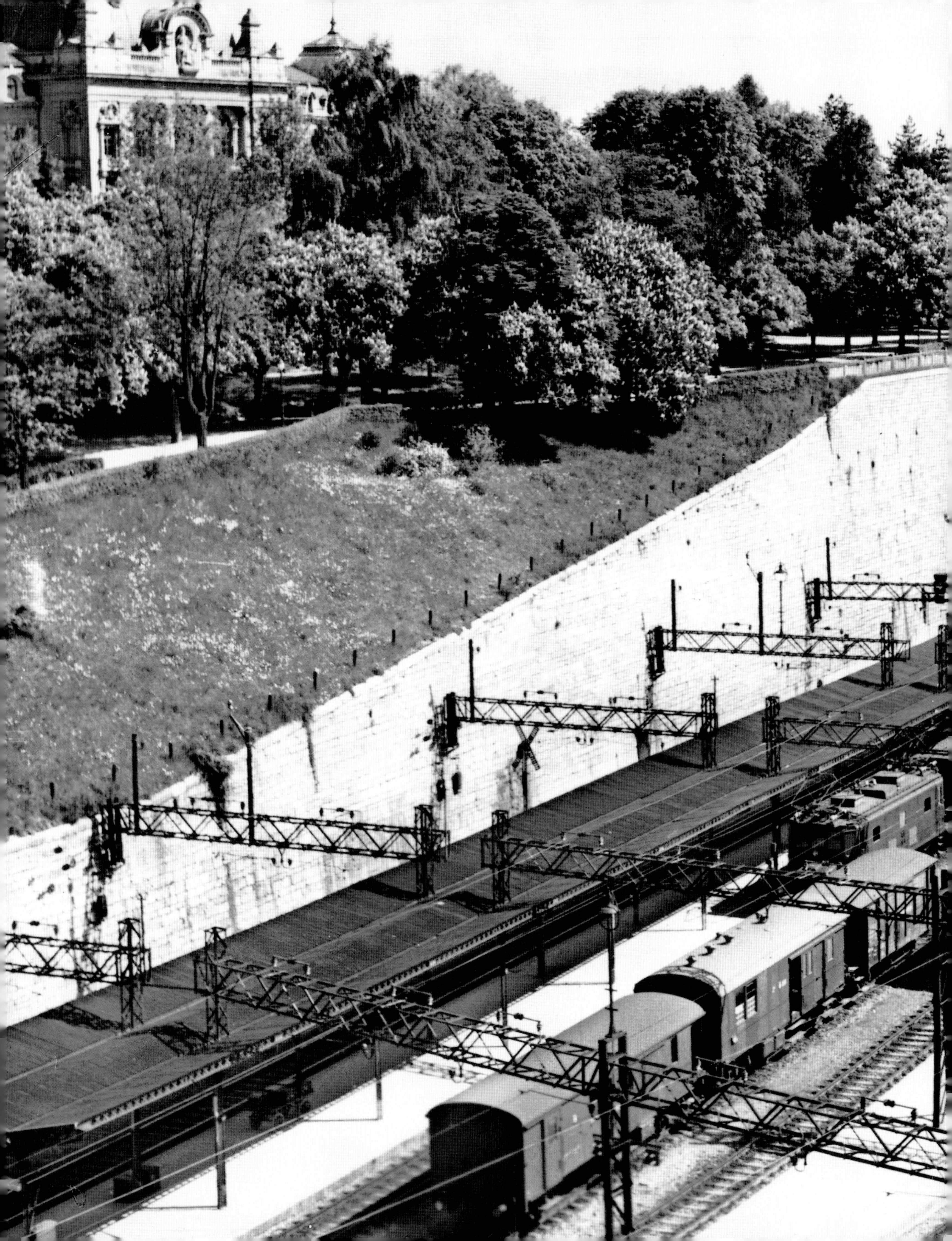

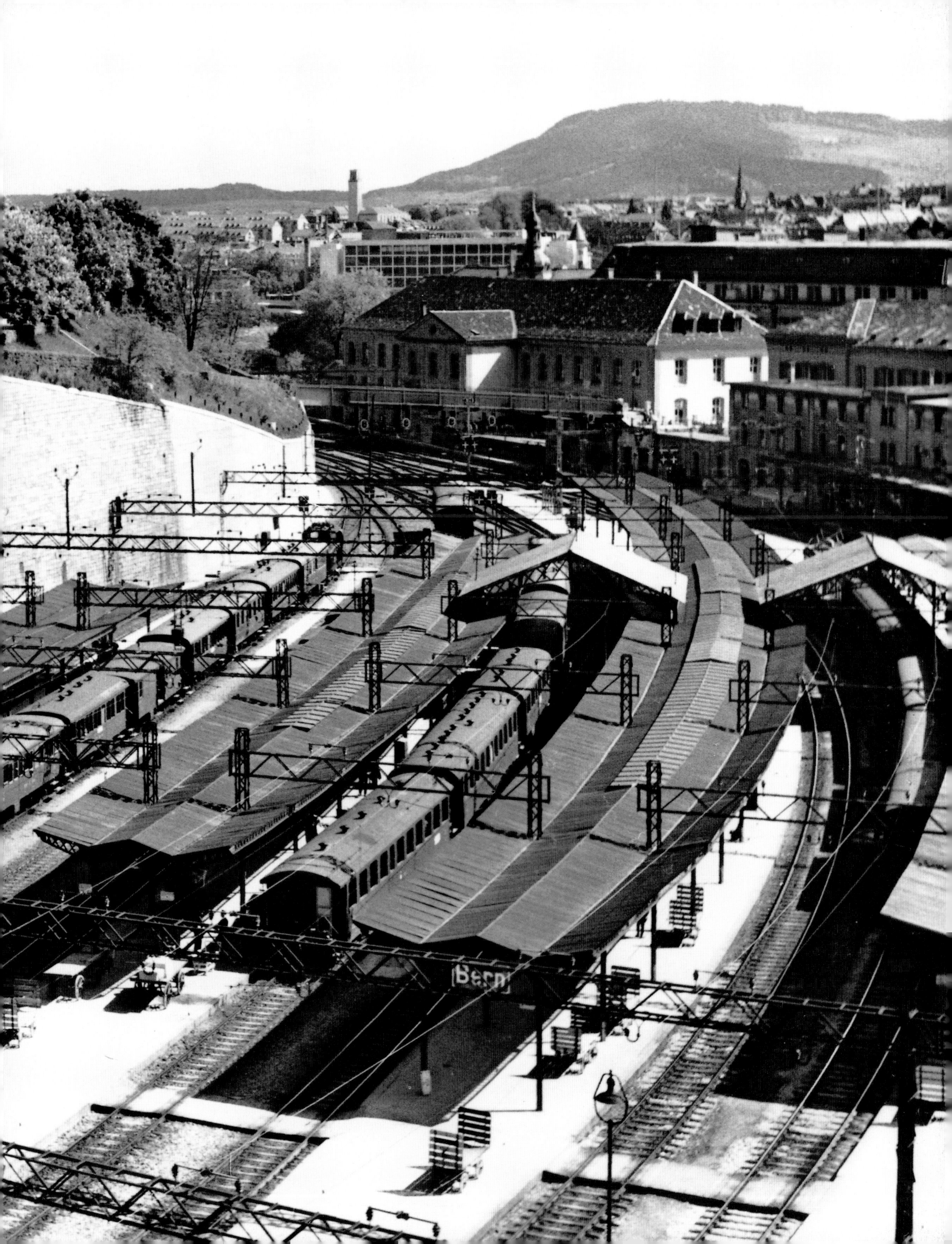
Bern

Vorangehende Doppelseite: Bern ist einer der wichtigsten Knotenpunkte im schweizerischen Eisenbahnnetz. Das Bahnareal liegt zwischen der grossen Schanze mit der Hochschule (links) und dem Bollwerk mit der angrenzenden Altstadt in einer engen Kurve eingeklemmt. Wohl hat man später mit einer jahrelangen Grossbaustelle den Bahnhof modernisiert und überdacht, die beengenden Platzverhältnisse sind aber geblieben und entwickeln sich je länger, je mehr zum eigentlichen Nadelöhr auf der West-Ost-Achse.

Double page précédente: Berne constitue l'un des nœuds ferroviaires les plus importants dans le réseau suisse. La gare est coincée dans une courbe serrée entre les Grands remparts (où se situe l'Université, à gauche) et le Bollwerk avec la vieille ville attenante. De grands travaux qui ont duré des décennies ont permis de moderniser la gare et de la couvrir, mais l'étroitesse du lieu subsiste et constitue de plus en plus un goulet d'étranglement sur la transversale ouest-est.

Impressionen aus dem alten Bahnhof Bern während des Zweiten Weltkriegs, im März 1944 (oben und rechts).

Vues d'ambiance intérieure de l'ancienne gare de Berne durant la Seconde Guerre mondiale, en mars 1944 (en haut et à droite).

Habana
E3
Erstklassig!
Handgepäck
Handgepäck
ZIMMERLI TRICOTS
Ausgang
Schalter
Guichet
Kursaal Bern
HOTEL
BÄREN
BERN
Eingang
25 BETTEN

Von Bern aus führen die Hauptlinien ostwärts durch das Voralpengebiet des Emmentals und Entlebuchs Richtung Luzern und durch das Mittelland in Richtung Olten und Zürich beziehungsweise Basel. Oben passiert eine Re 4/4 I der 1. Serie mit Schnellzug im Jahr 1959 ein typisches Berner Bauernhaus bei Trubschachen.

De Berne, les lignes principales conduisent à l'est vers Lucerne à travers les Préalpes de l'Emmental, vers Olten et Zurich/Bâle à travers le Plateau. En haut, une Re 4/4 I de la 1re série passe à Trubschachen, tout près d'une ferme typiquement bernoise.

Zwischen Burgdorf und Herzogenbuchsee tangiert die Bahnlinie die letzten Ausläufer der Emmentaler Hügellandschaft. Im Kriegswinter 1943/44 mussten die Strassen nicht geräumt werden, hingegen war die ungehinderte Fahrt für den hier abgebildeten Schnellzug mit einer Ae 4/7 und dem typischen Postwagen mit Oberlicht umso wichtiger.

Entre Berthoud (Burgdorf) et Herzogenbuchsee, la ligne Berne–Olten quitte les derniers soubresauts du paysage bosselé de l'Emmental. Durant l'hiver de guerre 1943/44, les routes ne doivent pas être déneigées, car le trafic routier est paralysé par le manque de carburant. Il est donc d'autant plus important que la voie soit dégagée, notamment pour ce train direct avec Ae 4/7 et ambulant postal typique à lanterneau.

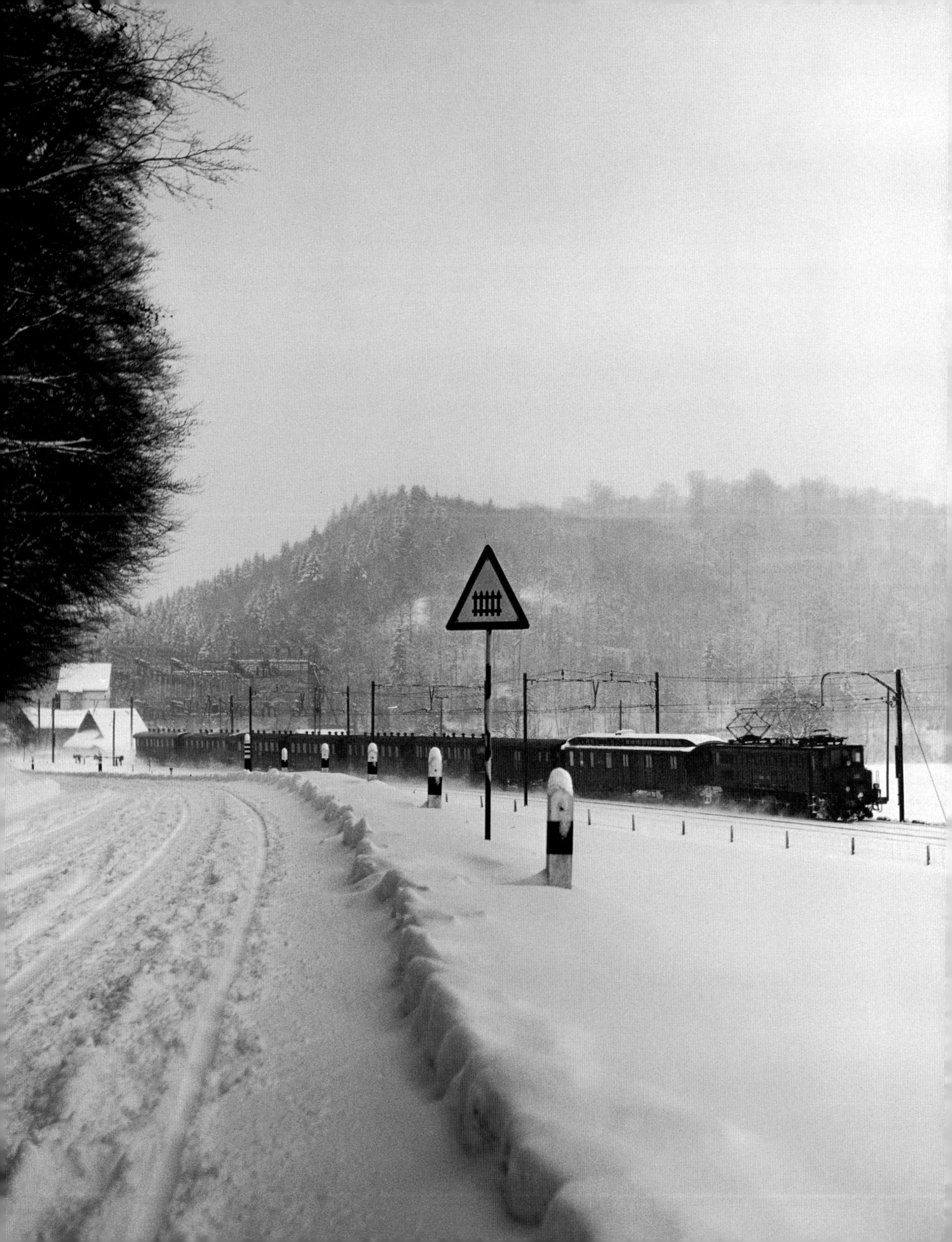

In Lenzburg schliesst die eigentümliche, neben der Strasse verlaufende Seetalbahn an die West-Ost-Hauptlinie an. Im Jahr 1926 zieht eine der drei speziell für diese Linie gebauten kleinen Krokodile vom Typ De 6/6 ihren Güterzug am Städtchen und Schloss Lenzburg vorbei.

A Lenzburg, la ligne du Seetal – qui a la particularité de longer la route – est reliée à la transversale ouest-est. En 1926, l'une des trois petites crocodiles De 6/6 spécialement conçues pour cette ligne passe au pied du château de Lenzburg avec un train de marchandises.

Eine weitere Kleinstadt auf dem Weg von West nach Ost ist Baden. Blick von der Aussichtskanzel der Ruine Stein in die Klus mit dem BBC-Areal (links), dem Bahnhof und der reformierten Kirche (rechts), um 1925. Ganz rechts das Bäderquartier von Ennetbaden und darüber die unverbaute Goldwand mit ihren weitläufigen Rebbergen.

Baden, autre petite ville sur la voie d'ouest en est. Vue prise vers 1925 depuis le belvédère de la ruine Stein vers la vallée et les usines BBC (à gauche), la gare et l'église réformée (à droite). Tout à droite, le quartier des bains d'Ennetbaden, surmontés de la Goldwand encore non bâtie mais couverte de vigne.

Luzern ist der Ausgangspunkt der Gotthardbahn. Der Kopfbahnhof zwingt alle Züge zu einem längeren Aufenthalt – Zeit also, um sich an den mobilen Verkaufsständen mit Proviant und Lektüre einzudecken (oben). Gut betuchte Touristen wurden 1957 auf dem Bahnsteig von Gepäckträgern erwartet, die ihnen das Kofferschleppen bis zum Taxistand ersparten.

Lucerne est le point de départ du Chemin de fer du Saint-Gothard. La gare en cul-de-sac oblige tous les trains à un arrêt prolongé, mis à contribution pour s'approvisionner en victuailles et en lecture (en haut). Les touristes fortunés sont attendus sur le quai en 1957 par des porteurs prenant en charge les bagages jusqu'au prochain taxi.

Beachtenswert in dieser Wartezone im Bahnhof Luzern sind die meterlangen Fahrplantabellen, die in einer Zeit ohne Computer und Internet häufig konsultiert wurden.

Cet alignement d'affiches-horaires est très utile avant l'ère de l'ordinateur et d'internet.

Gurtnellen an der Gotthard-Nordrampe. Die noch neue Ae 8/14 Nr. 11851 schleppt um 1932 einen schweren Güterzug gegen Göschenen hinauf.

A Gurtnellen, sur la rampe nord du Saint-Gothard, la toute pimpante Ae 8/14 n° 11851 tracte en 1932 un lourd train de marchandises vers Göschenen.

Bei Wassen mit seinem berühmten Barockkirchlein beschreibt der Zug eine doppelte Kehrschleife. Auf der mittleren «Etage» mühen sich zwei Krokodile mit ihrem Güterzug ab. Bei der mittleren Maschine handelt es sich um die Prototyp-Schnellzuglokomotive Be 4/6 Nr. 12301 der MFO für die Gotthardlinie. Allerdings gewann das Konkurrenzprodukt aus dem Hause BBC das Rennen, und diese Lok blieb ein Einzelgänger. Sie ist, an einem Julitag im Jahr 1948, wahrscheinlich nach einem Schaden zur Reparatur Richtung Hauptwerkstätte Bellinzona unterwegs.

Près de Wassen et de son église baroque, le train parcourt un tracé en «S». Au niveau intermédiaire, trois locomotives peinent à la remorque d'un train de marchandises. Entre les deux crocodiles se trouve la Be 4/6 n° 12301, prototype MFO de locomotive pour trains directs au Saint-Gothard. Elle est seule de son espèce, car c'est le produit du concurrent BBC qui a remporté le marché. Par une journée du mois de juillet 1948, elle se rend probablement à Bellinzone pour une réparation aux ateliers.

Bei Wassen schleppt im Sommer 1946 eine Krokodil-Lokomotive einen Güterzug bergwärts. Hinter der Lokomotive ein zum Dienstwagen umgebauter alter Personenwagen mit Oberlichtdach, gefolgt von einem gedeckten Weintransportwagen.

En été 1946, près de Wassen, une locomotive «crocodile» remorque un convoi de marchandises en direction du tunnel du Saint-Gothard. Derrière la machine, une ancienne voiture, dotée d'un lanterneau, transformée en véhicule de service et un wagen couvert, spécialement destiné au transport du vin.

Ein internationaler Schnellzug am Anfang des elektrischen Betriebs um 1920, gezogen von einer Krokodil-Lokomotive. Die Aufnahme entstand unterhalb von Airolo. Rechts die Stalvedrobrücke am Eingang zur gleichnamigen Schlucht.

Train direct international au début de la traction électrique vers 1920, tracté par une crocodile. Cette vue est prise en aval d'Airolo. A droite, le pont de Stalvedro à l'entrée de la gorge du même nom.

Die «Landi-Lok» Ae 8/14 Nr. 11852 umrundet im Jahr 1961 mit einem Güterzug am Haken die Kirchen von Giornico in der Leventina.

En 1961, la «plus puissante locomotive du monde» Ae 8/14 n° 11852 de l'Exposition nationale de Zurich (1939) passe entre les églises de Giornico, dans la Léventine, en tête d'un train de marchandises.

Tessiner Ambiente pur beim Seedamm von Melide im Jahr 1955. Hier wurde 1965 die letzte Einspurlücke auf der Gotthardstrecke geschlossen. Die Doppelpfeile vom Typ RAe 4/8 fuhren während ihrer Blütezeit fast jedes Wochenende Richtung Süden – «Fahren ins Blaue».

Ambiance tessinoise près de la digue de Melide en 1955. C'est ici que la double voie de la ligne du Saint-Gothard est achevée en 1965. Durant leur période de gloire, les flèches doubles RAe 4/8 filent à chaque fin de semaine vers le Tessin pour des voyages organisés.

[3]

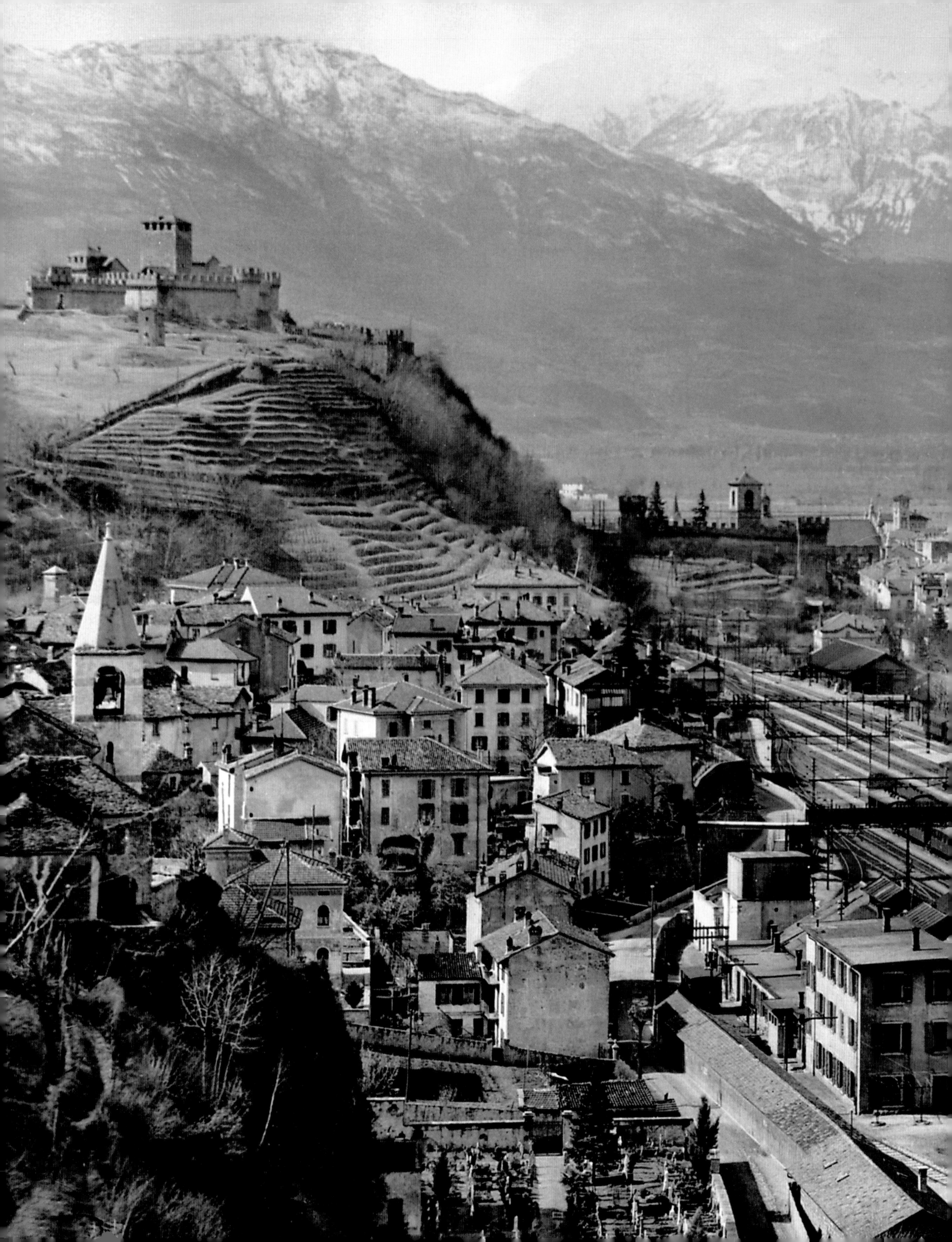

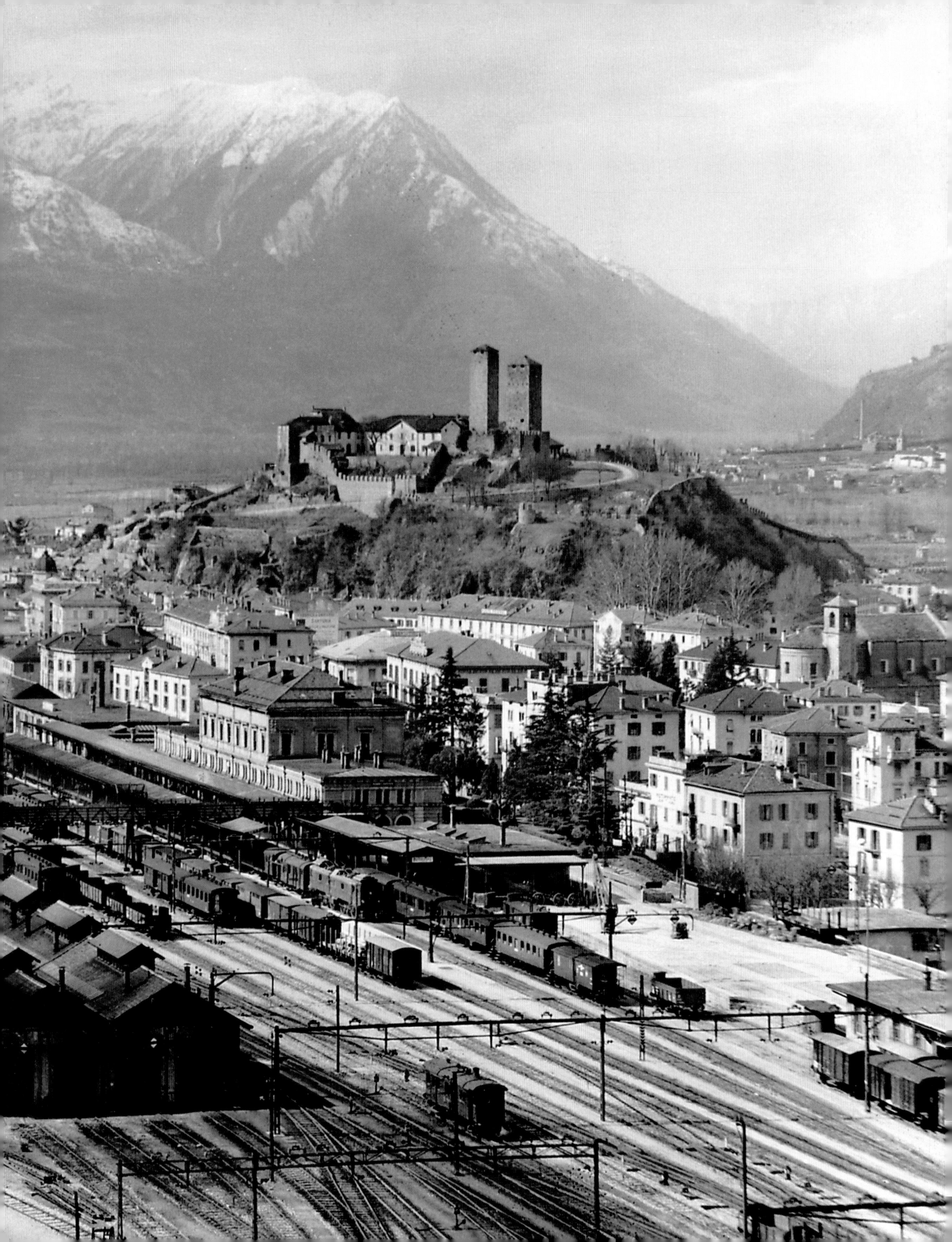

Vorangehende Doppelseite: Blick auf Bellinzona, die Befestigungsanlagen mit den Schlössern von Montebello (links) und Castel Grande (rechts) sowie den Personenbahnhof mit Depotanlage. Die Aufnahme entstand im Sommer 1922.

Double page précédente: Vue sur Bellinzone en été 1922, avec les remparts, les châteaux de Montebello (à gauche) et de Castel Grande (à droite), la gare voyageurs et le dépôt.

Im südlich anmutenden Bahnhof von Lugano wartet um 1923 ein Zug, bespannt mit der für die Epoche typischen Schnellzuglok vom Typ Be 4/6 der BBC, auf das Abfahrtssignal.

Dans la gare de Lugano au parfum méridional, un train attend l'ordre de départ. Il est remorqué par une locomotive Be 4/6 de BBC, comme c'est de rigueur en 1923.

Die Nebenlinie von Giubiasco nach Locarno wurde zwar 1936 elektrifiziert, trotzdem waren auch in den darauf folgenden Jahren bei Elektrolokmangel auf dieser flach trassierten Strecke gefeuerte Maschinen im Einsatz, da die SBB ein grosses Dampfdepot in Bellinzona für die benachbarte Luinolinie unterhielten. Eine Eb 3/5 dampft an der Kirche San Quirico von Minusio nahe Locarno vorbei.

La ligne secondaire de Giubiasco à Locarno est électrifiée en 1936, mais par manque de locomotives électriques, cette voie au profil facile est encore parcourue sporadiquement pendant de nombreuses années par des locomotives à vapeur. Ces machines proviennent du dépôt de Bellinzone où la traction à vapeur est toujours en activité pour la ligne de Luino, cela jusqu'en 1960. Une Eb 3/5 passe auprès de l'église de San Quirico à Minusio.

Die Gotthardbahn hatte während des Zweiten Weltkriegs höchste strategische Bedeutung – dies demonstrierte General Guisan mehrmals mit Inspektionsfahrten zu den Dienst tuenden Truppen. Am 12. März 1941 machte er mit dem «Roten Pfeil» einen Zwischenhalt in Erstfeld, wo er von Schülern empfangen wurde.

Pendant la Seconde Guerre mondiale, la ligne du Saint-Gothard revêt une haute importance stratégique. Le général Guisan en personne le démontre lors de courses d'inspection auprès des troupes mobilisées. Le 12 mai 1941, il est accueilli par les écoliers lors d'une brève escale de la «Flèche rouge» à Erstfeld.

Nicht nur die Soldaten, sondern auch das Bahnpersonal war in dieser düsteren Zeit mit einer Waffe ausgerüstet. Der Streckenwärter führte nebst Knallpatronen auch ein Gewehr mit sich. Eine Armbinde verweist auf seinen militärischen Einsatz in Bahnuniform.

Comme les soldats, les cheminots sont également armés durant cette période troublée. En plus des pétards d'alerte, le garde-voie porte un fusil. Le brassard précise son rôle militaire en tenue d'employé de chemin de fer.

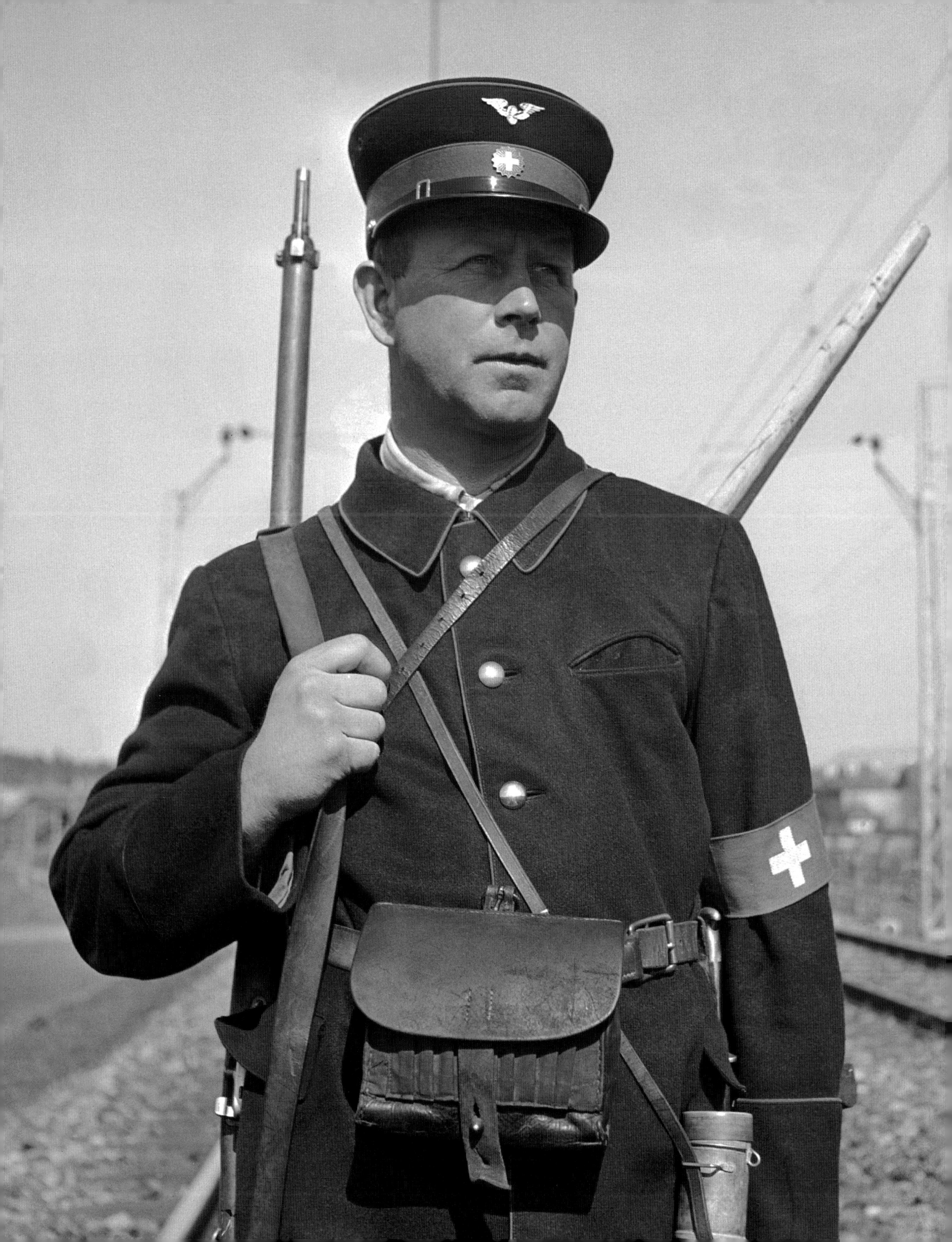

Während der Kriegsjahre half die Schweiz mit überlebenswichtigen Gütern aus. Im Jahr 1942 fährt ein Rot-Kreuz-Hilfszug mit einer Ae 3/6 I im Grenzbahnhof Vallorbe ein.

Durant les années de guerre, la Suisse vient en aide avec des aliments pour survivre. En 1942, un train de colis-secours de la Croix-Rouge entre dans la gare-frontière de Vallorbe avec une Ae 3/6 I.

Nach Ende des Krieges traten die Soldaten der Befreiungsmächte ihre wegen der Kriegsschäden langwierige Rückreise an. Englische Truppen fahren in gedeckten Güterwagen von Italien her kommend via Simplon und Vallorbe Richtung Nordseehafen.

Après la fin de la guerre, les soldats des troupes de libération entament un retour très perturbé par les destructions. Des militaires anglais voyagent en wagons de marchandises couverts, d'Italie vers les ports de la Mer du Nord, par le Simplon et Vallorbe.

139

In Zürich liegen die grössten Gleisanlagen der Schweiz. Der Hauptbahnhof ist die eigentliche Drehscheibe und der Taktgeber im Reisezugfahrplan. Bereits in den Zwischenkriegsjahren strömten Pendler, Studenten und Ausflügler in die Stadt. Auf dem linken Gleis stehen blau-weiss gestrichene Wagen des so genannten «Arbeiter-Pullmann-Express», der bereits 1929 für die immer grösseren Pendlermassen seinen Betrieb aufnahm.

Zurich possède les plus grandes installations de voie en Suisse. La gare principale est la plaque tournante de tout le réseau; c'est elle qui donne le rythme à l'horaire cadencé. Dès l'entre-deux-guerres, travailleurs, étudiants et touristes affluent vers cette métropole. Sur la voie de gauche stationnent les voitures bleues/blanches du «Prolétaire-Pullman-Express», appellation inofficielle donnée au train de banlieue qui circule depuis 1929.

Für die besser zahlende Kundschaft waren die ab 1957 in Betrieb genommenen TEE-Züge gedacht. Diese für alle vier Stromsysteme Europas ausgerüsteten Triebzüge verbanden ab 1961 jahrelang Zürich mit Milano.

Pour la clientèle plus aisée, les Trans-Europ-Express (TEE) sont créés en 1957. Dès 1961, les rames quadricourant relient Zurich à Milan.

Folgende Doppelseite: Einfahrt eines Schnellzuges von Thalwil in den Zürcher Hauptbahnhof um 1950. Noch dominieren die Ae-3/6-I-Lokomotiven das Geschehen.

Double page suivante: Un train direct en provenance de Thalwil entre en gare principale de Zurich vers 1950. Les locomotives Ae 3/6 I sont encore prédominantes.

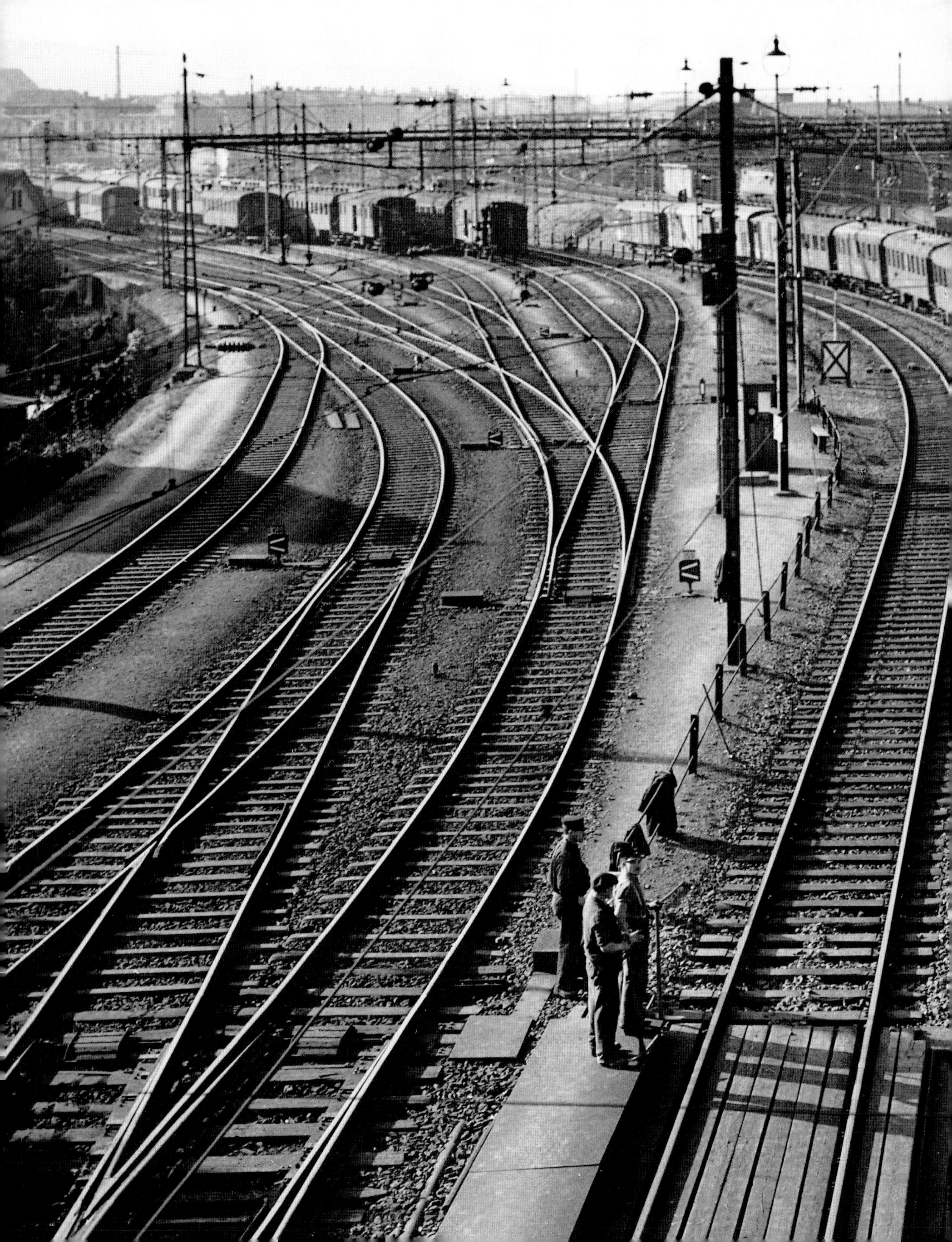

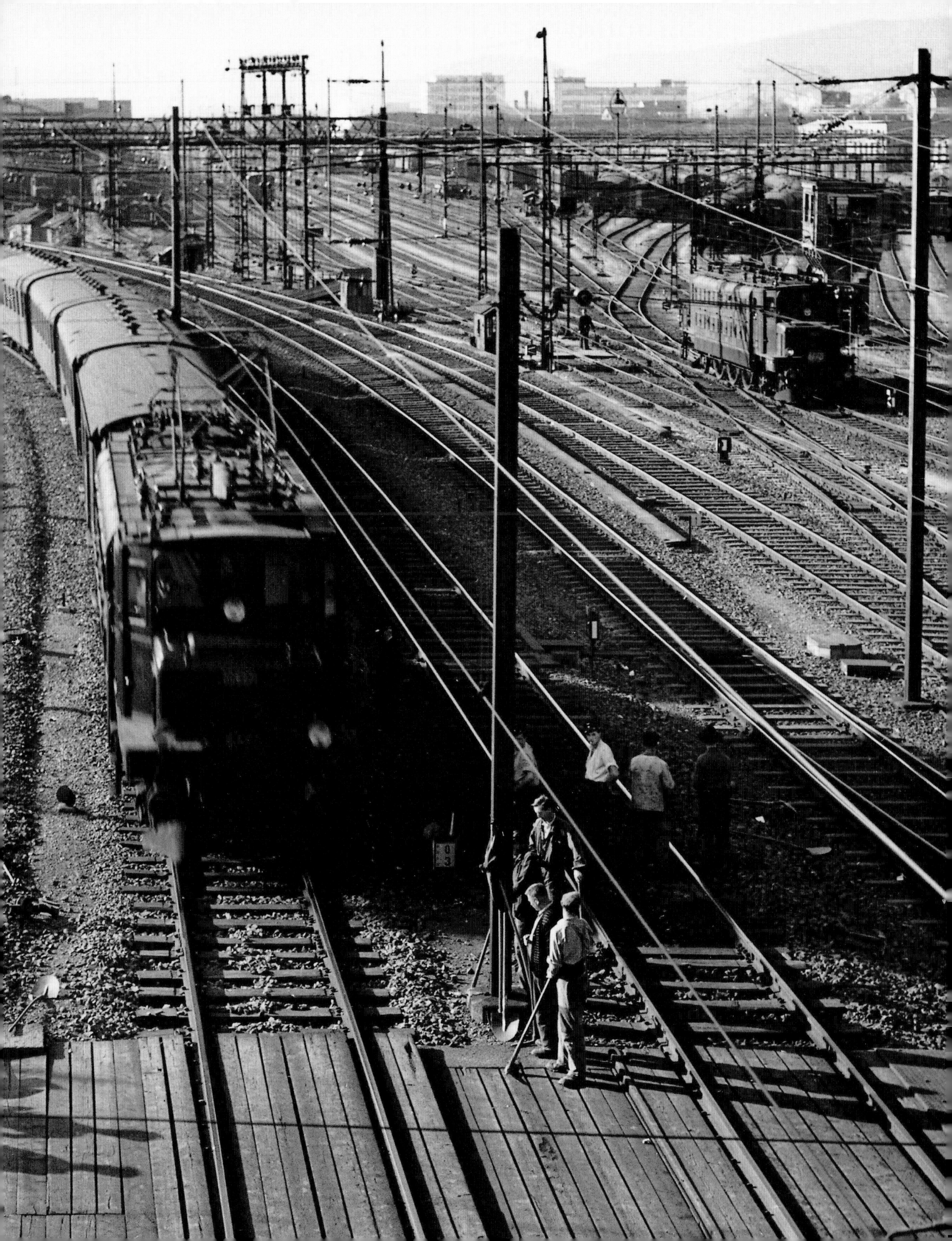

Die Anlage des Bahnhofs Zürich vor dem Bau der Querhalle, die erst im Hinblick auf die Landi 39 gebaut wurde. Die ältesten, in der Mitte angeordneten Gleise führen immer noch in die mächtige Haupthalle. Links und rechts wurden im Laufe der Jahre immer mehr Gleise beigefügt. Die Ae 3/6 I Nr. 10645 wartet auf den Befehl zur Abfahrt.

Vue de la gare de Zurich avant la construction de la halle transversale; cette dernière a été réalisée en vue de l'Exposition nationale de 1939. Les voies les plus anciennes, celles du milieu, conduisent encore jusqu'à l'intérieur du grand hall principal. A gauche et à droite, des voies supplémentaires ont été ajoutées progressivement au cours des ans. L'Ae 3/6 I n° 10645 attend l'ordre de départ.

In den Kriegsjahren mussten trotz Kohlenot einzelne Züge mit Dampftraktion geführt werden. Eine Eb 3/5 befährt 1941 den Limmatviadukt bei Wipkingen.

Durant les années de guerre, certains trains sont parfois tractés à la vapeur malgré le manque de charbon. En 1941, une Eb 3/5 franchit le viaduc de la Limmat, près de Zurich-Wipkingen.

Die Hierarchien und Funktionen der Bahnbeamten war bis in die Achzigerjahre an der Uniform und an Rangabzeichen ablesbar: der Kondukteur mit einem Ring am Hut, je einem Stern auf beiden Seiten des Jackettkragens und schwarzer Ledertasche, der Zugführer mit sowohl zwei Ringen als auch je zwei Sternen und roter Ledertasche sowie deren Vorgesetzter, der Oberzugführer, mit drei Bändeln und sechs Sternen.

La hiérarchie et les fonctions du personnel ferroviaire sont reconnaissables à l'uniforme et aux insignes, cela jusque dans les années quatre-vingt: contrôleur avec un galon blanc à la casquette, une étoile sur chaque revers de la veste et sacoche noire; chef de train avec deux galons blancs, deux étoiles par revers et sacoche rouge, chef de train principal avec trois galons et six étoiles.

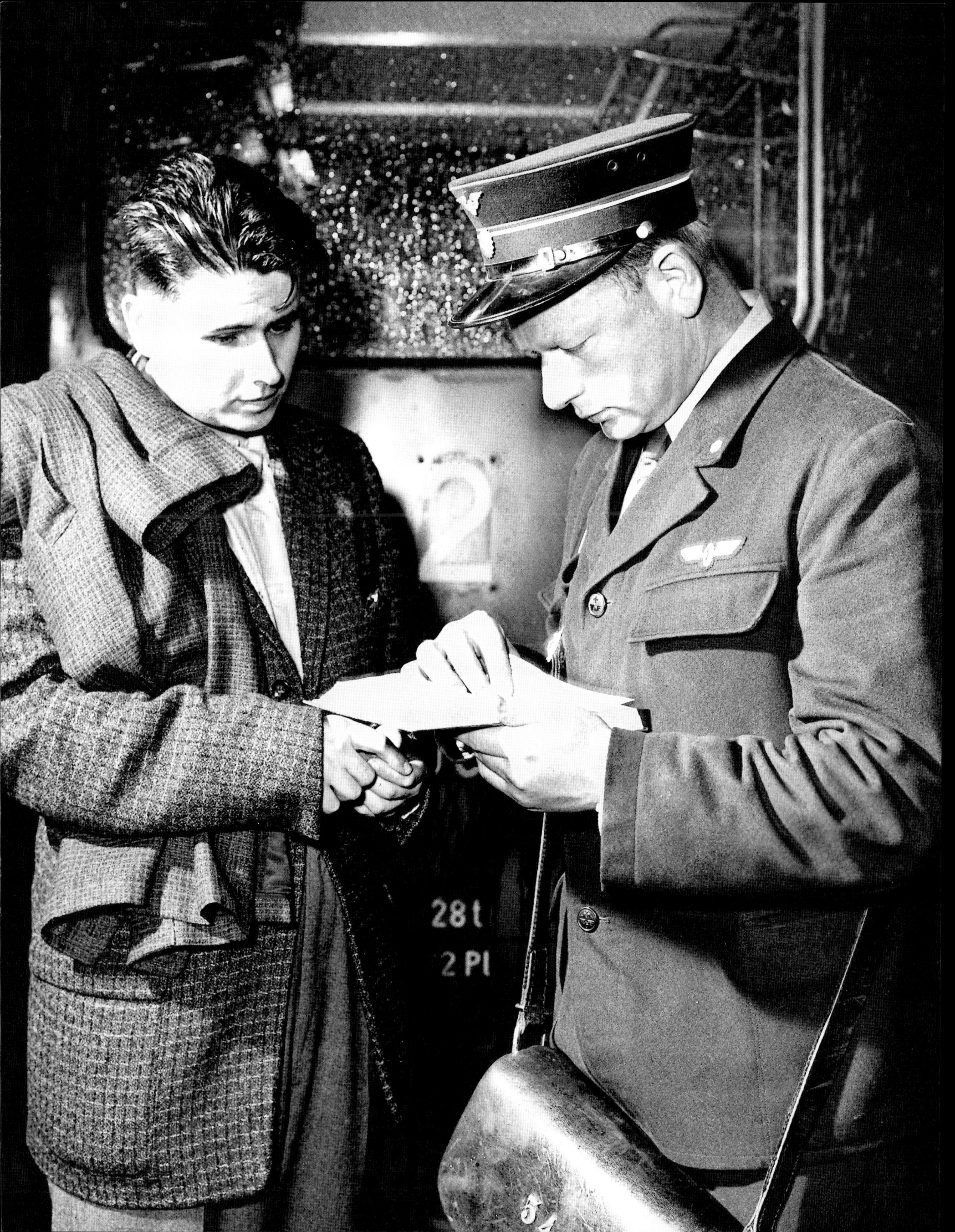
28t
2 Pl

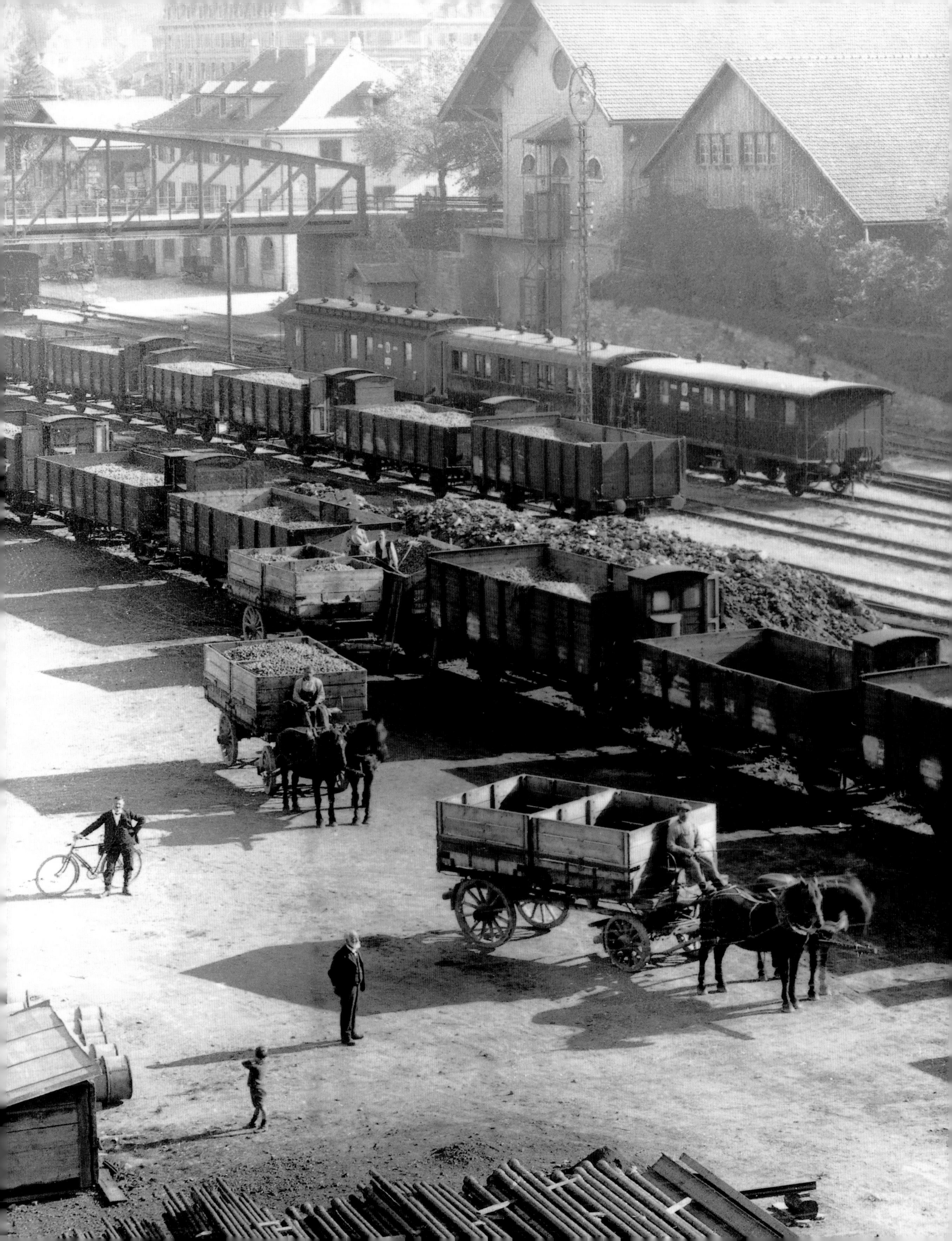

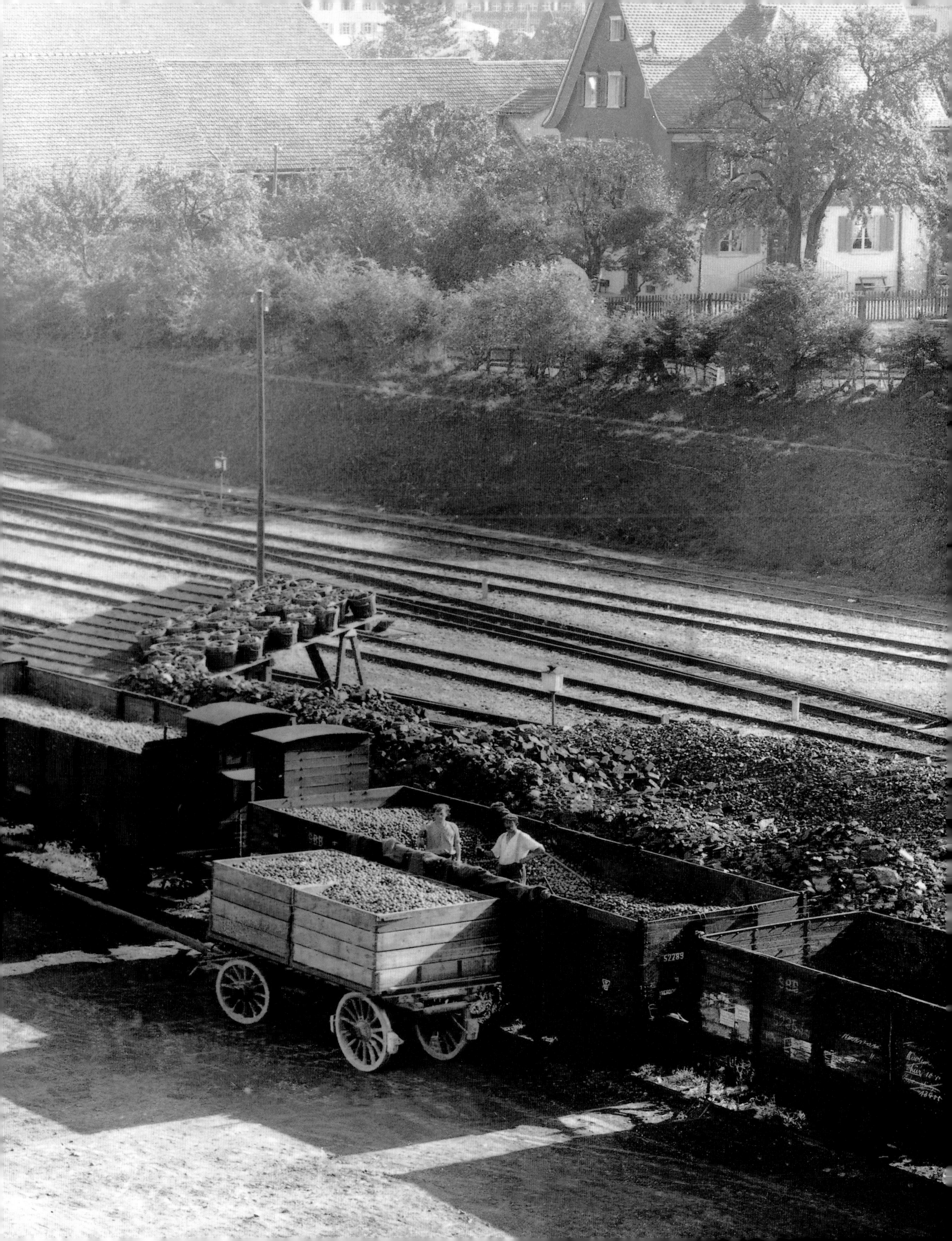
SBB
52289
SBB

Vorangehende Doppelseite: Reise in die Ostschweiz an das südöstliche Schienenende der Bundesbahnen in Chur. Die Gleise schlossen an umfangreiche Umladerampen für das ansässige Kohlegewerbe an (Aufnahme um 1910).

Double page précédente: En Suisse orientale, à l'extrémité sud-est du réseau CFF, se trouve la gare de Coire. Cette photo de 1910 met en évidence l'activité prépondérante des marchands de charbon.

Der Kurort Weesen war – wie das benachbarte Ziegelbrücke – Haltepunkt der Schnellzüge. Um 1930 hält ein internationaler Zug von Frankreich nach Chur und Österreich an. Der Bus Richtung Amden stellt den Anschluss her.

Proche de Ziegelbrücke, le lieu de séjour de Weesen n'obtient plus l'arrêt des trains directs. En 1930, un train international de France vers Coire et l'Autriche assure la correspondance avec l'autobus pour Amden.

Die Linie Zürich–Chur folgt 1943 noch in offener Linienführung einspurig dem Ufer des Walensees. Eine Ae 4/7 donnert mit ihrem Schnellzug am Wärterhaus «Salleren» vorbei.

En 1943, un train direct Coire–Zurich, tracté par une Ae 4/7, longe le lac de Walenstadt sur la voie unique près de la maison de garde de Salleren.

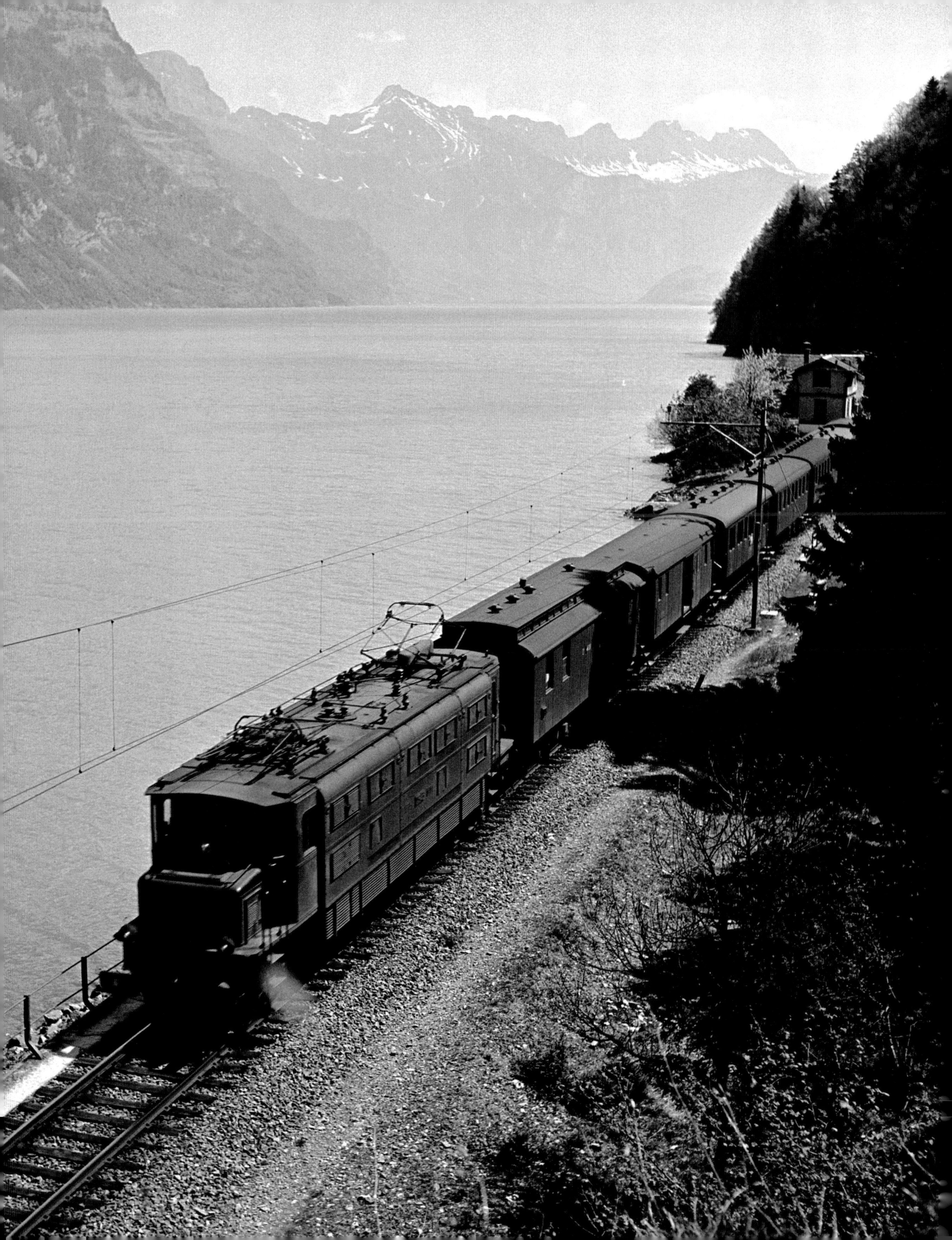

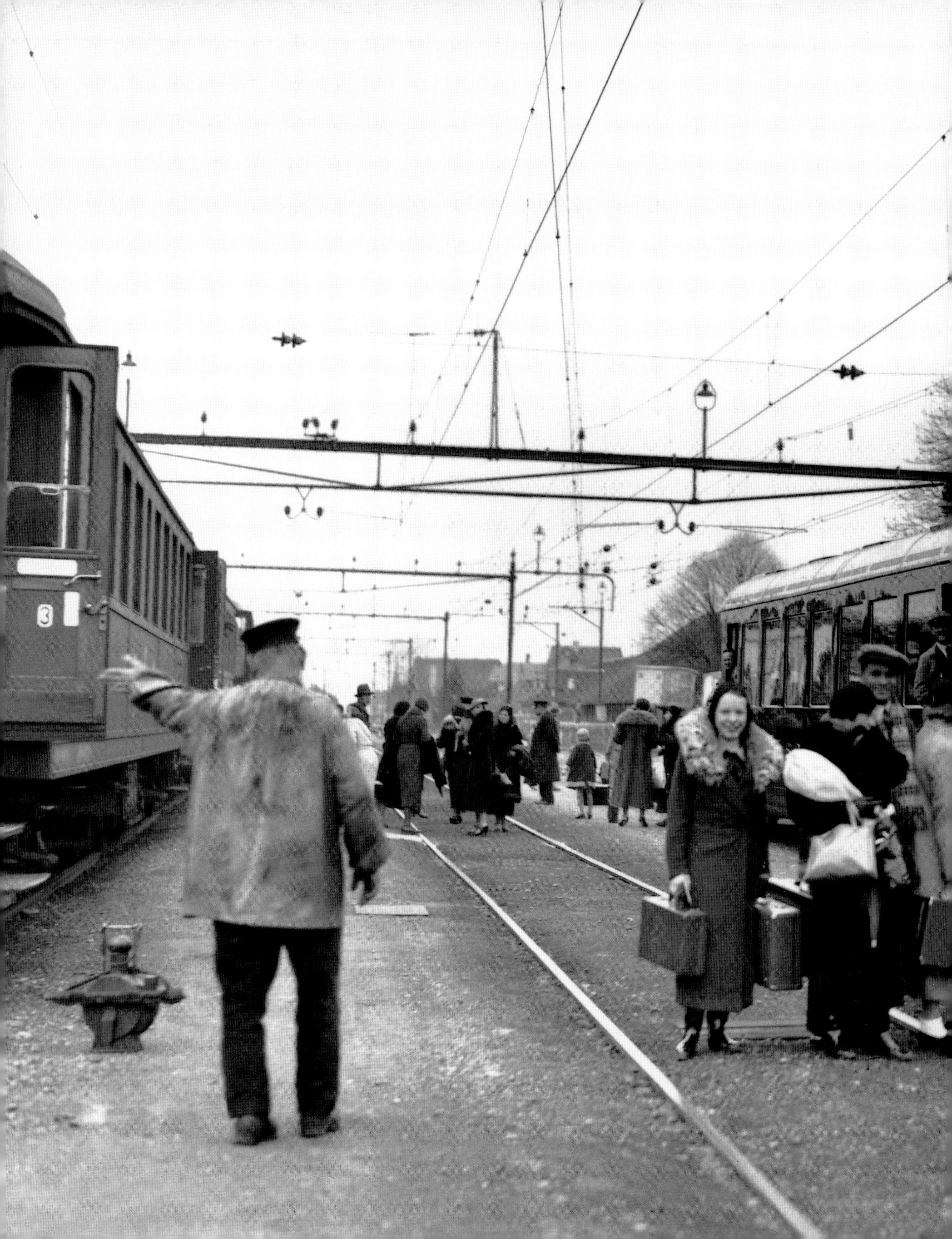
3

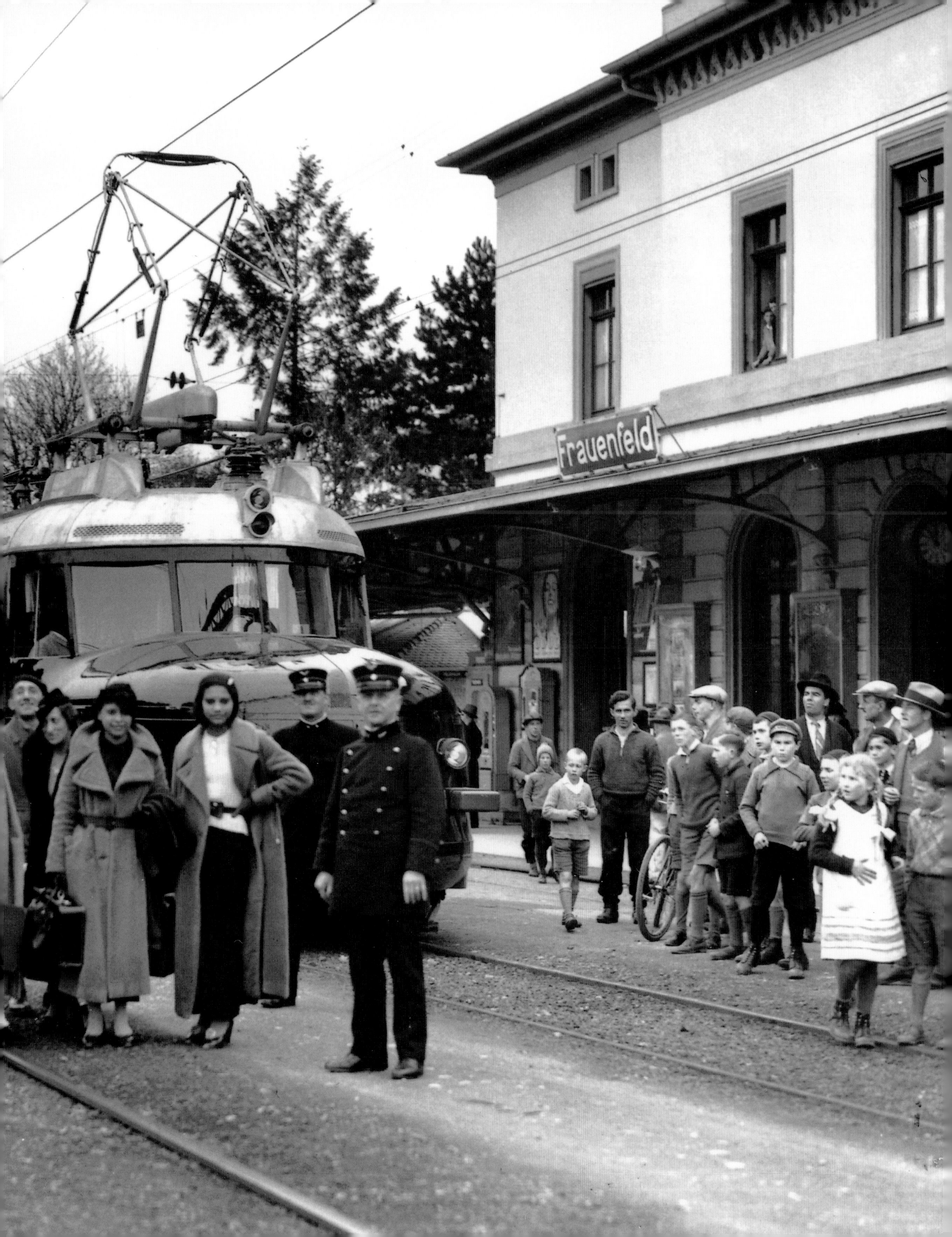
Frauenfeld

Vorangehende Doppelseite: Die «Roten Pfeile» waren in den Vorkriegsjahren eine Attraktion. Überall wo sie auftauchten, lösten sie mit ihrer ungewöhnlichen Farbe und dem schnittigen Äusseren Bewunderung aus. Das Bild entstand 1936 in Frauenfeld.

Double page précédente: Les «Flèches rouges» sont une attraction durant les années d'avant-guerre. Partout, elles suscitent la surprise par leur couleur vive et leur forme aérodynamique. La photo a été prise en 1936 à Frauenfeld.

Auf dem Bodensee betreibt die Nord-Ost-Bahn – später die SBB – zusammen mit den betreffenden Länderbahnen ab 1869 einen regen Trajektverkehr von Romanshorn nach Friedrichshafen und Lindau sowie ab 1884 nach Bregenz. Der Wasserweg erlaubt direkte Anschlüsse nach Württemberg und Bayern ohne Transit durch die Nachbarländer. Die letzte Trajektverbindung, jene von Romanshorn nach Friedrichshafen, verschwand 1976, lebt aber als Autofähre weiter.

Sur le lac de Constance, le Nord-Ost-Bahn – puis les CFF – exploitent en collaboration avec les réseaux concernés des services de bacs transbordeurs, dès 1869 vers Friedrichshafen et Lindau, dès 1884 vers Bregenz. La dernière relation, celle de Romanshorn à Friedrichshafen, disparaît en 1976 mais subsiste comme bac routier.

Romanshorn als Verladestation profitierte dank seinen Rangieranlagen indirekt vom Trajektverkehr. Allerdings hatten die Schiffsanschlussgleise auch ihre Tücken, vor allem dann, wenn sich eine Rangierlok nicht mehr rechtzeitig zum Stillstand bringen liess.

Grâce aux bacs transbordeurs, Romanshorn obtient une gare de triage importante. Certes, la jonction entre les rails des bateaux et ceux de la terre ferme peut causer des émotions, comme en témoigne cette photo d'une locomotive en mauvaise posture.

Folgende Doppelseite: Ein weiterer bedeutender Umschlagplatz am Bodensee war Rorschach. Diese Aufnahme aus der Dampfzeit zeigt einen Personenzug mit zwei Dampflokomotiven (Tender der ersten Lok angeschnitten, Typ der zweiten Lok: A 2/4), der 1919 im Hafenbahnhof auf die Passagiere wartet.

Double page suivante: Autre centre de transbordement important sur le lac de Constance, Rorschach dispose d'une gare portuaire. Cette photo prise en 1919, à l'époque de la vapeur, présente un train en double traction avec locomotive titulaire A 2/4.

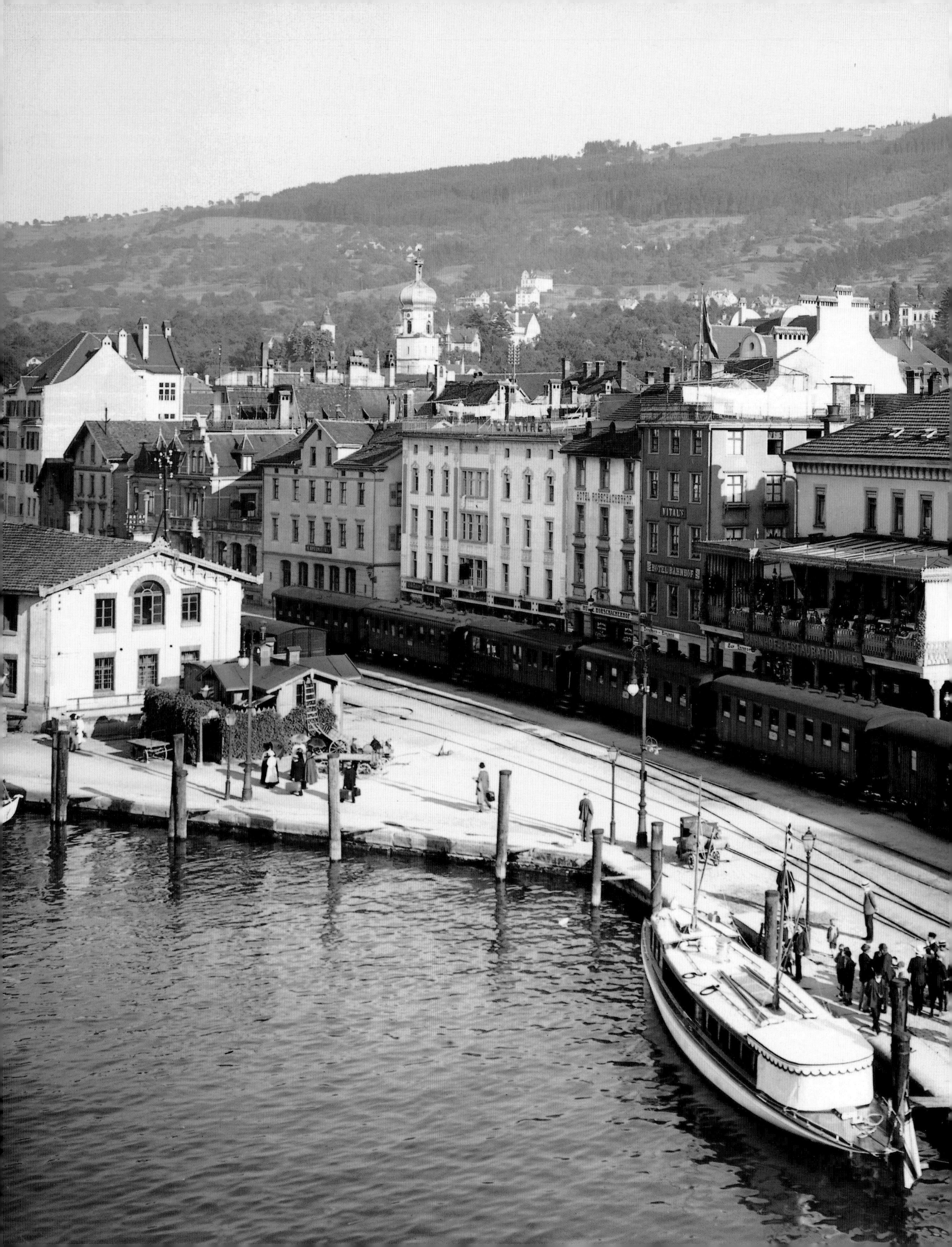
HOTEL RORSCHACHERHOF
VITAL'S
HOTEL BAHNHOF

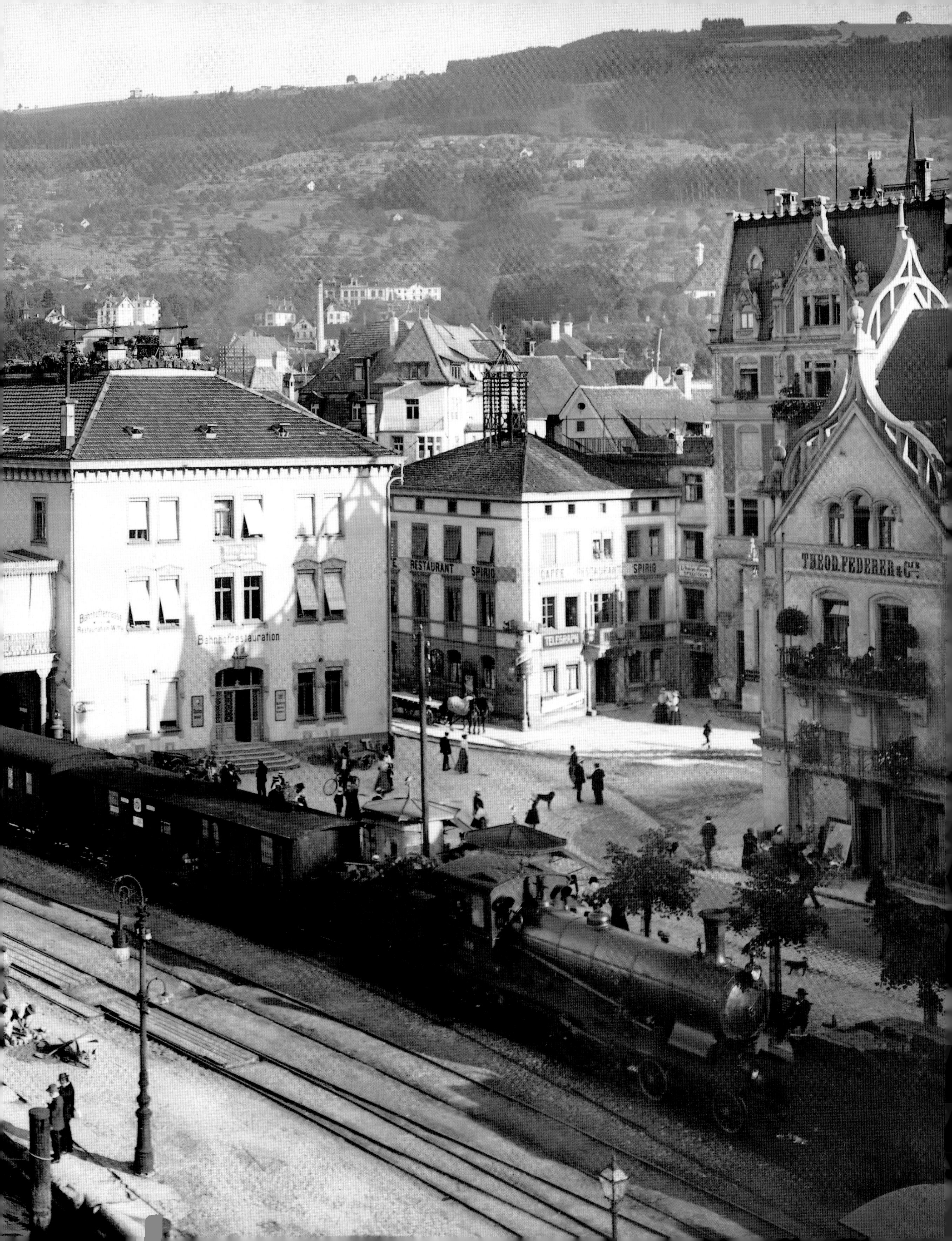
RESTAURANT SPIRIG
Bahnhofrestauration
TELEGRAPH
THEOD. FEDERER & Cie

Aufnahmen vom Jubiläum «Hundert Jahre Schweizer Bahnen» im Jahr 1947: Eigens für diesen Grossanlass wurde die so genannte «Spanisch-Brötli-Bahn-Lok» nachgebaut und zusammen mit teils noch im Originalzustand verbliebenen Wagen auf verschiedenen Linien eingesetzt.

Le centenaire des chemins de fer suisses est fêté en 1947 à travers tout le pays. Pour cette grande manifestation, la locomotive du célèbre «Spanisch-Brötli-Bahn» est spécialement reconstituée et mise en service sur différentes lignes avec des voitures d'époque.

In Baden, Geburtsort so mancher Lokomotive und Endpunkt der Jubiläumsstrecke, gab es im August 1947 ein grosses Fest. Dazu präsentierte sich die damals neueste Schweizer Lok, die Re 4/4 I, neben dem «Elefanten» vom Typ C 5/6 und der «Limmat» mit ihrem Jubiläumszug.

A Baden, lieu de naissance de tant de locomotives et terminus de la première ligne helvétique, il y a grande fête en 1947. Cette photo symbolise cent ans de progrès ferroviaire, avec la plus récente locomotive électrique d'alors, Re 4/4 I, posant fièrement à côté des ancêtres, «éléphant» C 5/6 et «Limmat» du train commémoratif.

Bildnachweis · Sources iconographiques

Autor und Verlag bedanken sich bei den Bildarchiven, insbesondere bei Urs Haller von der SBB Infothek und Erich Leuenberger vom SBB Fotoarchiv, ohne deren grosszügige Hilfe die vorliegende Publikation nicht möglich gewesen wäre.

Les remerciements des auteurs et de l'éditeur s'adressent aux archives photographiques, particulièrement à Urs Haller de l'infothèque CFF et à Erich Leuenberger du service photo CFF. Ce livre a pu voir le jour grâce a leur collaboration généreuse.

Alfred Aebi, Ambri: S. 48 o., u., 141
Archiv ABB (BBC), Baden: S. 30/31, 38, 39, 62, 90, 92/93, 104/105, 108/109, 122, 123, 132, 133, 134, 159
Archiv ABB (MFO), Baden: S. 27 o., u., 34/35, 63, 126, 129
Archiv Hugo Hürlimann, Richterswil: S. 21, 24, 25, 26/27, 37, 53 o., u., 54/55, 107, 135, 142/143, 145, 154, 155, 156/157, 158
Archiv Peter Pfeiffer, Untersiggenthal: S. 29, 49, 94, 116/117, 140, 150

SBB Fotoarchiv, Bern: S. 20, 22/23, 32, 33, 36, 40/41, 42, 43, 44, 45, 46/47, 50, 51, 52, 56, 57, 58, 59, 60/61, 64, 65, 66/67, 68, 69, 70/71, 72, 73, 74 o., u., 75, 76, 77, 78, 79, 80, 81, 82, 83, 84, 85, 86, 87, 91, 95, 96, 97, 98, 99, 100, 101, 102, 103, 106, 110, 111, 112 o., u., 113, 114, 115, 118, 119, 120, 121, 124 o., u., 125, 127, 128, 130, 131, 136, 137, 138 o., u., 139, 144, 146, 147, 151, 152/153
Staatsarchiv des Kantons Graubünden, Chur: S. 148/149

o.: oben/en haut
u.: unten/en bas